U0528295

天喜文化

INDIA 印度次大陆
Brief History of a Civilization
文明五千年

Thomas R. Trautmann

[美]托马斯·特劳特曼——著　林玉菁——译　王岚、程彤——校译

当代世界出版社
THE CONTEMPORARY WORLD PRESS

India: Brief History of a Civilization, second edition
Copyright ©2016 by Oxford University Press
Originally published in English in 2016. This translation is published by agreement with Oxford University Press. Beijing Huaxia Winshare Books Co., Ltd. is solely responsible for this translation from the original work and Oxford University Press shall have no liability for any errors, omissions or inaccuracies or ambiguities in such translation or for any losses caused by reliance thereon.
本译本由牛津大学出版社整理出版。北京华夏盛轩图书有限公司对原作品的翻译负有全部责任，牛津大学出版社对此类翻译中的任何错误、遗漏或不准确或含糊不清，或因依赖该翻译而造成的任何损失概不负责。本书中译本由时报文化出版企业股份有限公司委任安伯文化事业有限公司代理授权。

版权登记号：图字 01-2021-0289 号

图书在版编目（CIP）数据

印度次大陆：文明五千年 /（美）托马斯·特劳特曼著；林玉菁译. —北京：当代世界出版社，2021.3（2022.7 重印）
ISBN 978-7-5090-1591-9

Ⅰ.①印… Ⅱ.①托… ②林… Ⅲ.①文化史－印度 Ⅳ.①K351.03

中国版本图书馆CIP数据核字（2020）第268251号

书　　名：	印度次大陆：文明五千年
出版发行：	当代世界出版社
地　　址：	北京市东城区地安门东大街70-9号
网　　址：	http://www.worldpress.org.cn
邮　　箱：	ddsjchubanshe@163.com
编务电话：	（010）83907528
发行电话：	（010）83908410
经　　销：	新华书店
印　　刷：	北京文昌阁彩色印刷有限责任公司
开　　本：	889毫米×1194毫米　1/32
印　　张：	10
字　　数：	188千字
版　　次：	2021年4月第1版
印　　次：	2022年7月第3次
书　　号：	978-7-5090-1591-9
定　　价：	68.00元

如发现印装质量问题，请与承印厂联系调换。
版权所有，翻印必究；未经许可，不得转载！

前　言

本书是我在密歇根大学开设"印度文明导论"大班课程时，为学生写的印度文明史入门读物。

市面上有许多印度史入门书，都是我尊敬的学者写的，我个人非常喜欢。多年来，我一直从中挑选一些，作为"印度文明导论"课程的阅读书目，但学生们经常抱怨这些书篇幅过长、内容琐碎；刚接触这个主题的学生还需要掌握大量的名称与术语。我和同事们都认为，历史解释的关键在于对细节的处理，而学生们的反馈使我们意识到，我们给的细节太多了，初学者一开始根本消化不了。我由此确信，他们需要的是一本概要介绍印度历史的入门书，篇幅要足够简短，静坐几次即可轻松读完；内容要足够全面，总体涵盖印度五千年的历史。我需要删繁就简，抑制历史学家想要充实细节的冲动，学习技巧，创作更适合初学者的入门读物。学生们让我明白，他们需要的是一本能让他们迅速概览印度历史长河的书，这样，他们既可以在脑海里勾勒印度文明全貌，又能了解基本的相关名谓、专业术语，形成粗略的时间概念。它应该帮助学生展开深度阅读；它应是道开胃菜，而非正餐。当我遍寻该主题入门书而不得后，便开始写作本书，将其用于教学。学生们的正面反馈鼓励了我，我开始觉得这本书对其他人可能也有助益。

学生们既想通过一本入门书整体认识印度文明及其历史，又希望这本书读起来不要磕磕绊绊，而热衷细节的历史学教授们，比如我，远远不能满足学生们的上述需求，正是这样的代沟催生了这本书。无疑，这本书中和了双方的需求，有些地方并不能令大家满意。我缩短了本书的篇幅，尽可能省略不必要的细节；我的同事们可能会认为它过于精简，学生们则可能觉得仍然过于琐碎。本书的写作初衷虽为入门，但仍尽力不牺牲诠释的复杂性，避免过度简化原有概念。书虽小，写起来却不容易。

本书欲追求简史的精简与通史的完整。为了融合二者，我再一次采取与现行不同的做法。多数通史只给予印度早期历史几章篇幅，着墨较多的是晚近到独立时期的历史。这种写法会让读者误以为印度早期历史仅是印度现代史的背景，印度文明直到民族国家时期才完全形成。这正是我想避免的。我希望给予印度早期历史应有的分量与重视，这并非因为我想为早期历史正名，而是相信深远的过往仍旧存活于今日，它是了解当代也是寻求未来可行之道的宝贵资源。基于此，本书各历史时期所占篇幅与通行作品有别，对于早期历史阶段也投注了几乎同等的注意力，但也并不完全均等：前八章介绍前四千年，后四章则涵盖最后一千年。若单从比例来看，近代史的比重较大，但有些人可能认为近代史篇幅依然不足。我自然同意这一观点，并鼓励他们做延伸阅读，我在课堂上也是如此主张的。

我自己也是编辑，因此，比起许多作者更能深刻认同优秀编辑的价值。大卫·阿金（David Akin）以卓越编辑的睿智，让文本更加紧凑，各方面得以优化。牛津大学出版社的布莱恩·惠尔（Brian Wheel）、查尔斯·卡瓦列雷（Charles Cavaliere）与玛丽安娜·保尔（Marianne Paul）从接收稿件到出版的每一个环节里，都提供了无价的协助与指导。我深感亏欠，并对三位编辑表示诚挚感谢。苏迪帕·托普达尔（Sudipa Topdar）是我杰出的研究助理，密歇根大学文学、科学与艺术学院也给予了支持。罗宾斯·比尔林（Robbins Burling）给予全文恳切而极有助益的评论。阿兹法·穆因（Azfar Moin）曾用我的初稿教学并给予建议，特别是贡献了他新近出版的有关莫卧儿王权的开创性研究。卡拉·西诺波利（Carla Sinopoli）为印度河流域文明的相关章节提供了许多协助，我对两位深表谢意。阿妮塔·纳哈尔·阿里亚（Anita Nahal Arya）、苏密特·古哈（Sumit Guha）、阿诺尔德·卡明斯基（Arnold Kaminsky）、米蒂·慕克吉（Mithi Mukherjee）、彼得·施米特黑纳（Peter Schmitthenner）、大卫·斯通（David

Stone）、雷切尔·斯特曼（Rachel Sturman）、西尔维娅·格雷（Sylvia Gray），以及数名牛津大学出版社的匿名审阅者给了我各种建议——有些相当细致，所有建议都极有创见，具有建设性，最后证实深具助益，本书因而得以精益求精，为此我非常感谢各位。我也感谢安贾莉·帕塔克（Anjali Pathak）、帕尔纳·森古普塔（Parna Sengupta）、迈蒂莉·昂廷（Maitrii Aung-Thwin）、贾南·慕克吉（Janam Mukherjee）、阿兹法·穆因、丽贝卡·格拉普温（Rebecca Grapevine）、安舒曼·潘迪（Anshuman Pandey），他们担任历史系印度文明史课程的研究生讲师时，在课堂上使用了这本教材，对各章节的教学效果给予了反馈。尤其要感谢同学们对本书的贡献，有时是无意识的、不经意的，却非常有益。

目　录

第一章　导　论
　　印度、印度人和印度文明 //003
　　印度文明史 //012
　　印度文明的地理概貌 //015

第二章　印度文明的起源
　　摩亨佐-达罗与哈拉帕 //027
　　经济、工艺与文字 //032
　　宗教 //035
　　印度河流域文明的起源及其宿命 //037

第三章　吠陀时代
　　《梨俱吠陀》//047
　　经济、技术与社会 //051
　　印欧语系、印度-伊朗语族、印度-雅利安语支 //052
　　吠陀后期 //058

史诗:《摩诃婆罗多》与《罗摩衍那》//069

第四章　新宗教、新帝国

遁世思想 //078

摩揭陀的崛起 //083

孔雀王朝 //085

第五章　古典印度时期

古典印度文明形成期（前187—公元320年）//093

古典时期（320—600年）//106

古典印度文明后期（600—1000年）//116

第六章　家庭、社会与政体

家庭 //125

社会 //136

政体 //141

第七章　思　想

宗教 //151

法律 //166

科学 //172

古典艺术文学 //179

第八章　印度文明与世界

中亚 //186

东亚 //187

東南亚 //190

中东与欧洲 //193

第九章 突厥人与莫卧儿人

伊斯兰教与印度 //203

突厥人 //210

莫卧儿人 //217

第十章 欧洲人

欧洲商人 //230

英国统治 //235

印度与欧洲文明 //242

第十一章 民族国家

印度民族主义的兴起 //256

甘地与真纳 //265

印巴分治与独立 //274

第十二章 新国家

印度共和国 //280

巴基斯坦和孟加拉国 //286

尼泊尔、斯里兰卡、不丹和马尔代夫 //290

印度文明的未来 //294

延伸阅读 //299

参考文献 //305

第一章
导 论

印度、印度人和印度文明

印度文明史

印度文明的地理概貌

印度文明绵延五千年，地域广袤，对周边世界产生了广泛影响。论述细节之前，我们需要先概览即将在本课程中学习的时间、地点和专业术语。

印度、印度人和印度文明

我们首先需要检视研究所用术语。当提到印度、印度人或印度文明时，我们不能想当然地认为自己理解口中的这些术语表达的是什么，也不能想当然地认为我们使用这些词指涉的都是同一件事或物。类似的词汇之所以模棱两可，并非因为所指是虚构事物，而是因为所指对象复杂，而复杂事物无法轻易理解或形容。我们为理解世界的最简单面向做了种种努力，其中就包括归纳法。归纳，既能让世界变得容易理解，又会因为删减某些复杂性，而在某种程度上歪曲世界。可想而知，要客观、准确描述像印度这样拥有多重面貌的文明——几千年来数百万人居住在这一广袤地域，确实很难。既然难题普遍存在，无法回避，那么我们就要提醒自己，我们的归纳概括，也就是我们说出或写出的概括性观点，本质上就是在简化。同样也需要谨记，我们试图描述的事物虽然复杂，很难用文字捕捉其全貌，但它是真实的。

即便如此，我们还是要详细说明提到的印度、印度人和文明的含义。我们先从"文明"开始说起。

文明

我们使用"文明"（civilization）一词至少表达了两种不同的含义。首先，它表示某人或某团体或多或少拥有的令人景仰的特质（*quality*）；其次，它表示特定的复杂社会独有的生活方式（a way of life）。因此，如语言学家所说，在第二层意义上，它是"可数名词"，若以复数形式出现，则表示同时存在着多种不同的文明。

19世纪欧洲人喜欢谈论文明等级（scale of civilization），把文明视作一个楼梯或一个爬梯，将世界范围内的不同社会置于不同级别上，最高等级当然是欧洲社会。如此使用"文明"一词，常让我们感到不安，因为它突出地彰显了欧洲文明对其他文明的优越感。所有文明都对自己熟悉的生活方式保有内在的优越感。文明的第一种含义表示一种文质彬彬、精致优雅、礼貌谦和的特质，它的反面则是粗鲁无礼之类。文明的这一含义有两大优点：一是它揭示了文明内部的价值序列；二是它帮助我们找到了良好观念和举止的传播中心，这些中心多为宗教精英和统治阶级。这也提醒我们，一个社会的内部，文明的传播是不均衡的。*

另一方面，我们使用的"文明"一词也近似于人类学家以他者视角谈及的"文化"（culture 或 cultures），也就是说，文明可以表示特定社会中已成型的生活方式，我们在分析时，并不会对它进行道德评断。虽然不偏不倚的分析有着强烈的吸引力，但我们仍需留意，文明的上述含义多适用于"文明的冲突"一类的思维方式，后者将不同的文明视为彼此泾渭分明、特质单一且相互排斥的存在。**然而，这样理解大错特错，事实上，所有的文明都边界模糊，分布不均，不断地与其他文明混杂融合，互相撷取长处。

一般认为文明具有三种属性。首先，它拥有人类学者口中的一种共同文化，也就是拥有一整套独特的信仰、价值观念和行为准则。其次，它拥有一套复杂的社会体系，划分出各社会阶层，存在特权与非特权阶级。再次，它涉及广泛的地理区域。至少，

---

* 埃利亚斯的经典著作《文明的进程》视文明为这样一种过程：由趋势设定中心向外传布的"文明化过程"，而非阶梯序列。

** 亨廷顿提出，随着"冷战"结束，"冷战"期间由美苏对峙形成的世界秩序，也转而由"文明的冲突"所塑造。

我们可以认为哥伦布之前的人类世界仅包含此种意义下有限数量的文明。虽然这种论述是从他者视角来看待文明的，但它多少体现了文明第一种属性里的社会复杂性，由此，观察文明的内在视角与他者视角联系在了一起。

当我们在人类学意义下使用"文明"一词，历史地对其进行考察时，会发现"文明"在时间长河里是不断延伸的，但总存在这样一个时间点：在此之前，文明不曾出现，而在此之后，文明产生了。从第四冰川期的某时开始，漫漫人类历史第一次发展出一些前所未有的大而复杂的、形成固定文化模式的社会制度，这些社会制度逐渐传播开来，不断衍变——它们形成了古代文明。至于它们为何会产生，个中原因我们尚不能够清晰地解释。文明的故事历经数千年的岁月，但也仅仅是人类历史发展到晚近的产物。人类历史的发展要比文明的诞生悠久得多。第四冰川期开始后，早在第一组人类文明诞生之前的数千年前，人类即发展出了农业，学会了饲养动物，以农业和动物饲养为代表的早先发明，为日后古代文明的产生奠定了基础。运用这条时间线，我们有了历史意义下的"文明"一词，即在人类晚近历史中兴起的拥有前述三种文明属性的某类社会。印度文明是其中之一。如同所有其他文明，印度文明也在某一时间诞生，但难以明确定位这个时间节点。

印度人

继续我们前面所讲，印度文明是一种特定类型的社会（庞大而复杂……），印度人则是组成该社会的人民。我们一开始就必须明了，印度人并非单一人种（race）。就标记人种的体征而言，印度人既没有在群体内部保持同质性（事实上他们彼此之间差异极大），跟外来人比起来也没有什么明显差别。有关印度文明的起源，有一个权威却错误的观点，称为"印度文明人种说"，认为浅肤色的开化人种与深肤色的蛮族相互冲突、不断融合，印度文明在此过程中诞生。本书后续会讲到，印度河流域文明（Indus Civilization）的考古发现将印度文明起源时间推到了更久远的过去，推翻了上述人种起源说。同时，从印度现存的三大互不关联的语言系属分类可以明确一点，即至少有三种不同的、此前各自独立的族群共同造就了印度文明；按语言的使用人群分类，它们分别是印度-雅利安语支（Indo-Aryan）、达罗毗荼语系（Dravidian）与蒙达语族（Munda）。

印度-雅利安语支包含若干种语言。印地语（Hindi）和乌尔都语（Urdu）使用于恒河上游流域，印地语是印度共和国的官方语言之一。实际上，二者是同源语，只是书写体、词汇有所不同，分别由印度教徒和穆斯林使用。印地语字母是天城体（Devanagari），由古印度字母婆罗米文（Brahmi）衍生而来；乌尔都语字母则由阿拉伯-波斯字母改造而来,并大量借用波斯语和阿拉伯语外来词。我们如果摊开北印度地图,自西向东阅读,就会发现马拉地语(Marathi)→马哈拉施特拉邦,古吉拉特语(Gujarati)→古吉拉特邦,信德语(Sindhi)→巴基斯坦的信德省,旁遮普语(Punjabi)→旁遮普邦,印地语→恒河谷地,尼泊尔语(Nepali)→尼泊尔,孟加拉语(Bengali)→印度的西孟加拉邦与孟加拉国,奥里亚语(Odiya)→奥里萨邦,它们是印度-雅利安语支里更加为人熟知的语言,我们从中可以看出,语言名称与地域有着鲜明的联系。斯里兰卡使用的僧伽罗语(Sinhalese)则是印度-雅利安语支分布在最南端的语言。

以上语言都从梵语(Sanskrit)衍生而来。印度教神圣典籍就是用梵语书写的,公元前1400年前后,自称雅利安人的族群把这批典籍带进了印度。梵语属于印欧语系。印欧语系大致包括:(1)梵语和受到印度文明影响的现代国家使用的梵语衍生语;(2)古波斯语,以及伊朗、阿富汗和巴基斯坦境内的衍生语;(3)包括英语在内的欧洲语言。

在说梵语的人抵达印度前,达罗毗荼语和蒙达语已在此落地生根。今日达罗毗荼语系的主要语言分布在印度南部地区:泰米尔语(Tamil)→泰米尔纳德邦,泰卢固语(Telugu)→安得拉邦,卡纳达语(Kannada)→卡纳塔克邦,马拉雅拉姆语(Malayalam)→喀拉拉邦。达罗毗荼语系约有20种语言,其中一部分由印度中部地区的部落族群使用，例如冈德语（Gondi），约有500万使用者。另外，还有两座岛在使用达罗毗荼语系的语言——生活在恒河谷地的马尔托人（Malto）说着马尔托语，生活在印度河流域的布拉灰人说着布拉灰语。梵语进入印度前，达罗毗荼语系曾遍及整个印度地区，但是在北印度，它们却逐渐让路给印度-雅利安语支。因此，印度-雅利安语支的某些特点和其中许多外来词均源自达罗毗荼语系。学界对于达罗毗荼语系的起源尚未有定论，有人认为它的起源与芬兰-乌戈尔语族（Finno-Ugric，包含芬兰语）有关；有人则认为与埃兰语（Elamite，伊朗西南部的古老语言）有关。学者们达成的共识是，达罗毗荼语系是在梵语之前经由印度西部或西北部到达印度的。

另一方面，蒙达语族属于分布在阿萨姆邦和中南半岛（包含柬埔寨的孟-高棉语族）的南亚语系。梵语里有借自蒙达语族和达罗毗荼语系的字词，由此可以合理认定蒙达语族是在梵语之前从东部传入印度的。蒙达语族的使用者主要是印度中部和中东部的部落族群。

许多世纪以来，印度的人种和语言大量混杂交融，融合成我们所说的印度文明。三种混合的语言系属间仍有可以辨别的差异，这些差异仍旧是区分它们的最审慎依据。另一项可以将语言区别开的特征是系谱和婚姻制度。印度北部族群的婚姻制度存在地区和种姓差异，但核心原则是必须嫁娶"陌生人"——

此人既非亲属也非同乡。达罗毗荼语区的系谱制度则相当不同，他们很乐意建立人类学家口中的"交错从表"（cross cousins）婚姻关系，也就是堂表兄弟姊妹之间异性通婚。婚姻制度影响着语言的构成，前者是所有堂表兄弟姊妹等同于亲兄弟姊妹，因此非适婚；后者则是堂表兄弟姊妹属于交错从表关系，因此适婚。由于嫁娶舅舅或姑姑的子女盛行，因此"舅舅"或"姑姑"与"岳父"或"岳母"是同一个词。交错从表婚姻习俗普遍盛行于印度南部和斯里兰卡，甚至传播到部分印度-雅利安语区，尤其是斯里兰卡僧伽罗语区，马拉地语区和古吉拉特语区的某些种姓也采用这一习俗，这也意味着系谱比语言更抗拒变化。蒙达语族区的系谱制度与前两者不同。在绝大多数其他方面，例如宗教思想、经济与政治形态方面，系谱和语言系属的分别往往忽略不计。印度文明就产生自这些保留着"前印度"气息的痕迹，它们说明了语言和系谱对于印度文明的其他部分并没有决定性的影响。

印度

印度文明是一种特定的社会或社会制度，因此，我们不能将印度理解为一个实体或特定地域，而应视其为与印度文明相关的地域。我们必须深入了解印度文明，而这片地域恰恰对印度文明的塑造起了非常重要的作用，或者说，它也极大地约束着印度文

第一章　导　论

明的发展。我们必须谨记，印度并非世界地图上一个疆域固定、无所变动的地点，而是一个与印度文明同时产生，疆界随印度文明的生长而移动和扩大的空间。值得一提的是，它同时拥有内部与外部疆界。我们看到，印度文明早期文学作品已认可"野蛮人"这一观念，也认可了尚未融入印度文明的中央内陆区的居民。

与此同时也需谨记，当谈及印度时，我们指的是印度文明及其空间和地域，而非1947年随着英国统治结束而建立的印度共和国。今日政治地图中的7个民族国家，分据着"文明"意义上的印度地域：

- 印度共和国，通称印度
- 巴基斯坦伊斯兰共和国，通称巴基斯坦
- 孟加拉人民共和国，通称孟加拉国
- 斯里兰卡民主社会主义共和国，通称斯里兰卡（旧称锡兰）
- 尼泊尔联邦民主共和国，通称尼泊尔
- 不丹王国，通称不丹
- 马尔代夫共和国，通称马尔代夫

这些民族国家的政治实体多数相当年轻：印度（共和国）与巴基斯坦是1947年印巴分治后建立的；1948年，锡兰脱离英国统治取得独立；1965年，马尔代夫独立；1971年，孟加拉国脱离巴基斯坦，成为独立国家。尼泊尔认定自己是最后一个印度教君主制国家，直到2008年才通过革命建立了共和国。虽然在英国统治印度时期，尼泊尔保持了独立自主，但仍处于英国影响之下。不丹是东部的一个小王国，国民大多信奉佛教，直到2008年才举行第一次全国性国民议会大选。

为了避免将印度文明与印度共和国混为一谈，有些人不再使用"印度"一词，而改以"南亚"来指称上述现代民族国家组成的区域。"南亚"一词具有政治中立的优点，缺点是除了专攻区域研究的学者外，鲜有人使用；"印度"一词的优势，是数千年来它已为希腊人、波斯人、阿拉伯人和中国人在指称印度文明及其地域时广泛使用。除在谈到印度共和国时使用"印度"一词外，本书中的"印度"一词，皆指其他学者称呼的南亚地区及其文明。

印度文明史

"印度文明"意义下的"印度"有一个时间上的起点，自然也就有其历史。我们讲述的印度的文明史也有自身发展的历史，这一史学史的主要框架在过去两个世纪里形成。18世纪60年代英国统治印度以后，欧洲研究印度的学者向印度知识精英求学请教，二者共同建构了印度文明史的绝大部分。英国在印度的殖民统治为这两个学者群体的首次合作创造了条件，他们为印度历史的书写带去了不同于以往的全新叙述。新的历史叙述"新"在两个方面：首先，建立了印度上古时期与其他古代社会，如埃及、迦勒底（Chaldea）、希腊和波斯文明之间的关联；其次是以全新的方式解读古代梵语文献，辨别哪些是神话叙事，哪些是历史叙事。

英国统治印度初期，欧洲人认定梵语与希腊文、拉丁文相关，相信说梵语的人们首先将文明传入了印度，因此，他们顺理成章地认为，文明传入印度之时也是印度历史的开端。欧洲学者一度认为印度所有的语言皆源自梵语，随后却发现南方的语言早已形成了一个独立的语系——达罗毗荼语系。这也是为什么前述印度文明起源人种说在1924年之前一直盛行的原因。1924年，考古学家在印度河流域发现了更早期的文明即印度河流域文明遗址，并确定印度河流域文明与两河流域、伊朗高原的青铜文明（活跃着苏美尔人、阿卡德人和埃兰人）处于同一时期。因此，对于印度文明的认识发展出两个起点和两种文明，可以说，后者建立在前者之上。之后我们还会讲到，专家们仍旧在争论两种文明究竟是什么关系。

印度文明在漫长的发展过程中，通过贸易、战争以及宗教导师（religious teacher）的行游讲学，输入了许多外来资源，与此同时，成熟期的印度文明在亚洲广泛传播。印度是世界两大宗教的发源地：佛教传布到东亚、中亚和东南亚；印度教传布到东南亚部分地区。印度文明的其他元素也跟着宗教一同传播，包含文字、语法、天文学、占星学、数学、医学实践、法典、神话，以及故事文学、雕塑和舞蹈。

印度文明处于伊斯兰帝国和基督教帝国全力扩张的版图内，这两大广袤帝国通过贸易与征服，分别建立了伊斯兰国家和基督教欧洲，突厥人、莫卧儿帝国和英国人先后通过征服，在被征服地建立起国家，这些对印度文明产生了深刻的影响。英国统治印度期间，在人民主权论（popular sovereignty）和民族国家（nation-state）新观念驱动下，印度的民族主义运动风起云涌，产生了今日的7个自我管理的国家。

以下是一条简单的印度文明史时间线索，附约略时间，读者可以对印度文明的全貌先有一个粗略的了解：

印度文明起源：公元前2500年起

吠陀时期：公元前1400年起

新宗教与帝国时期：公元前500年起

古典时期：公元320年起

突厥人与莫卧儿帝国时期：1200年起

英国统治时期：1760年起

民族国家形成时期：1947年起

印度文明的地理概貌

"印度"(India)一词来自梵语的"河流"(sindhu)一词,这个词也是印度河的梵语名称。也许因为流域广阔的缘故,印度河被称为"河"(The River)。古波斯语将梵语"河流"一词开头的"s"改为"h",因此波斯人称印度河及其流经的国家和地区为 Hindush;希腊人则舍弃首字母"h",称其为 Indos 等类似形式。英语中,有关印度及其人口、宗教和语言的一揽子词汇,都源自波斯语和希腊语转写的梵语"印度河"一词:

• 译写自希腊语:印度(India)、印度人(Indian)、印度河(Indus River)
• 译写自波斯语:印度人(Hindu)、印度教(Hinduism)、印地语(Hindi)、印度(Hindustan)、兴都斯坦语(Hindustani)

中文里的"印度"也有双重词汇的现象,分别为身毒(Sin-tu)与印度(Yin-tu),前者明显来自梵语,后者则来自波斯语或希腊语。阿拉伯人则仿效波斯人,称印度为 al-Hind。中国人、波斯人、希腊人和阿拉伯人过去都记录过印度文明的情况,赋予印度的名称也都源于"印度河"一词,这些称谓影响了英语世界。

印度文明的地理概貌可分为三大区：半岛区（德干），喜马拉雅山脉区和印度河-恒河平原。德干的地质是一大片极古老的花岗岩，板块构造学家认为，德干地区曾是一块长期向北自由漂移的板块，与欧亚大陆板块碰撞后形成了喜马拉雅山脉。从河流的流向判断，德干是一块向东南倾斜的高原，两侧的丘陵山脊与海岸线平行，称为东、西高止山脉（Eastern and Western Ghats）。沿海地区受西南季风降水的影响，内陆则干燥少雨，夏季内陆河道干涸，河流常仅剩涓滴细流。因此，农业与人口向沿海地区集中，内陆分布的人口则较为有限。斯里兰卡位于南部海岸外，与印度相隔最短之处仅约40千米。

喜马拉雅山脉（Himalaya来自梵语，意为"藏雪之地"）是世界上最高的山脉，其最高峰珠穆朗玛峰海拔超过8000米。上述半岛板块持续向北推挤欧亚大陆板块，板块推升山脉的速度快于板块相互侵蚀的速度，喜马拉雅山每年仍在不断上升。这一令人望而生畏的险峻地形，将印度与中国西藏截然隔开。然而长期以来，印度与中国西藏地区商贸往来不断，印度佛教通过走廊传入中国西藏地区，而在山脉的印度一侧，如尼泊尔、不丹及山脉的西侧边缘，也分布着汉藏语系的语言，由此可见，喜马拉雅山脉并非不可逾越。印度的山脉边界一直向东延展，几乎与中南半岛的南北向山脉交接。印度河以西，是山势较为和缓的山脉，即基尔塔尔山脉（Kirthar Range）与苏莱曼山脉（Suleiman Range），它们构成了印度黄金地带的西北界。有一些穿越这两条山脉的著名山口，尤其是开伯尔山口（Khyber Pass）与波伦山口（Bolan Pass），它们是通往阿富汗的要道，北接中亚和连接中国-欧洲的丝绸之路，西通中东与地中海。

印度河-恒河平原如名所示，由北部的印度河和恒河两大河流域，再加上东部的第三大河布拉马普特拉河（Brahmaputra）[*]流域组成。印度河与布拉马普特拉河发源于中国的西藏高原，二者源头仅隔数千米，一条流向西，一条流向东，由喜马拉雅山脉的两端顺势而下注入印度。印度河流域覆盖巴基斯坦全境和今印度共和国的部分地区。印度河上游及其支流称为"旁遮普"（Punjab），意为五（panch）河（ab）；印度河下游仍沿用其古名"信德"（Sindh）。恒河与其支流亚穆纳河（Yamuna）之间形成了一片沃土，被称为"河间地"（Doab），意即两（do）河（ab）之间的土地。这里是印度北部诸帝国的农业腹地，因此我们可以看到，无论在古代还是现代，这里是许多王朝和政权的首都，德里（Delhi）就是该地区距今最近的一个首都。[**]恒河与布拉马普特拉河河口哺育了印度东部地区，东部也因此成为土地极为肥沃

---

[*] 发源于冈底斯山脉，在中国西藏境内称雅鲁藏布江。——编者注
[**] 现在印度共和国的首都为新德里。——编者注

的农业区。

德干与喜马拉雅山交会处形成平原，岩石受侵蚀变成土壤，由此日积月累形成冲积层，十分有利于发展农业。沿着恒河向东顺流而下，就会发现冲积层逐渐加厚，到了印度的西孟加拉邦与孟加拉国，必须下挖100米左右才能触到基岩。因此这里只有少量的石造建筑，几乎所有的建筑都用细质黏土砖块建造。这些河流除提供肥沃的冲积层外，还促进了农业的发展，提供了雨水之外的另一灌溉水源。另外，由于发源于极高的积雪山巅，大河的全年水量较印度南部的诸河流更加丰沛，这为农业灌溉提供了稳定的水源。

季风气候

影响农业的另一个重要因素是降水量，印度的降水受季风影响，雨季干季相互交错。西南季风携带大量水汽，夏季时从西南的印度洋往东北方向大陆吹去，在大陆受热上升后形成降水。

人们很晚才理解了季风是如何形成的。按照最简化的模型，假设地球完全为水体掩盖，地轴也未倾斜，那么赤道就是距离太阳最近的点，它上方的空气很快就变得最为炽热，热空气不断上升；为了补充受热上升的空气，较冷的空气将由两极往赤道流动，再次受热上升，并流回两极，直到下降。这样便产生了分别向北和向南两个方向的空气循环对流。两个对流系统在赤道上空会合，形成热空气圈，称为间热带辐合区（Intertropical Discontinuity Zone，简称 ITD），是介于南北两股对流之间的间断面。

然而，因为地轴倾斜，夏季时太阳距离北半球较近，间热带辐合区会向北移动，进入印度上空，吸引印度洋的气流流向它。地球自西向东转动，北向气流遂向东偏斜，气流整体于是由西南向东北流动。由于地球表面包含陆地与水体，在夏季日照下，陆地上方的空气受热速度远较海洋来得快。湿润的白昼海风往陆地吹送时温度上升较快，且随着吹向地势更高的内陆，海风开始变得越发干燥，并形成降水。

降水的时空分布并不均衡。西南季风带来了集中降水，形成雨季，而全年的其他时间则十分干旱，只有印度河上游是个例外，携带较少水汽的西南季风在撤退时为这里带来了冬季降水。自古以来，印度全年就分为三季（或六季）而非四季：雨季、凉季与热季。一年的主要耕作在雨季进行；战争则在农作物丰收之后的凉季进行；热季是全年里所有生物最受煎熬的季节，这时落叶树会落下所有树叶以保存能量，这与温带地区最难熬的寒冷季节迥然不同。

西南季风移动时掠过多种多样的地形，因而降水量的空间分布也不均匀。印度次大陆由此分为干旱区与湿润区。干旱区是畜牧业与灌溉农业区，从印度次大陆一直向西延伸，途经阿富汗、伊朗高原、阿拉伯半岛及北非；湿润区则在南亚季风的持续影响下，从印度次大陆向东延伸至东南亚和中国南部。各地区气候的多样性也促进了生物多样性的发展，这里既生活着非洲狮也生活着亚洲虎。印度次大陆有着十分丰富的生物多样性，鹿、蹬羚与羚羊种类繁多，还有名目繁多的鸟类和野生牛群，更拥有世界上数量最多的野生亚洲象。

季风和降水与农业的关系相当复杂。由于降水集中在雨季，若能通过灌溉工程控制水源的供给，并在需要时输送用水，农业区就会大面积地扩展。这一类灌溉工程的水源包括河流、水库、井泉，以及今日的管井。其中，以河流为水源的灌溉系统在印度北部最为典型，印度南部因夏季河流水位极低，因而以水库为主要灌溉水源；井泉汲水依靠人力或畜力；管井则靠电泵抽水。因此，耕地类型里有一个重要分类就是靠灌溉提供水源的水田（即灌溉田）与仅靠降水滋润的旱地。灌溉可大幅提升耕地的产量和产值，灌溉田的产值是旱地产值的五倍，因而养育的人口密度也较后者为高。水田一般位于干旱区，而旱地必须仰赖充足的降水方能进行耕作。村落里的农民在地里种植庄稼，这是农业的一个方面，就此而言，农业是印度文明的经济基础，由于灌溉技术的应用，印度地区的人口分布与降水分布并非紧密相关。印度文明始于印度河流域（位于干旱区），以驯化该区的原生动植物为基础，特别是小麦与大麦；此后印度文明扩展到东部的恒河流域季雨林，驯化湿地动植物，如稻米（来自中国南方与东南亚）和家禽（印度东北部）。在灌溉技术的作用下，同一块农田一年内可以连续种植两种农作物。同季双重轮作在印度已实行了很长一段时间，希腊史家克特西亚斯（Ctesias，前5世纪）早已据此判断印度将成为富庶之地。

以谷物种植为基础的文明在扩散的同时，也将部落族群排挤到了季雨林的深深处，排挤到了不宜人居的丘陵地带。古代印度的文学作品将部落族群称为森林人（*atavi*）、山民（*parvatiya*）或蛮（*mleccha*）。印度文明最初诞生在人口较稠密的印度河流域和印度河-恒河平原，扎根于印度半岛的滨海区和河口三角洲。正是这里才能生产出足够多的剩余农产品，用以供养包含国王与祭司在内的复杂社会结构，支持大兴土木建设宫殿和庙宇。相对地，在森林、山地或仅靠降水的旱地区，居住的族群以部落为主，相比于土壤肥沃区的社会组织，部落的结构更为简单，成员之间也更为平等；他们经常进行轮耕，清出一块森林空地，种植两年后便弃置休耕，另寻新地。这种粗放的耕作方式能够养活的人口要少得多。这类社会以不同的形式存在于印度的各个地区，但多数集中在印度中部与偏东部的季雨林中。季雨林为印度文明构建了一片内部疆界——这里是失去权势的王公贵族的流亡之地，是宗教隐士的清修旷野，是森林人与野生动物的家园，也是魔法与危险并存之地。

第二章
印度文明的起源

摩亨佐-达罗与哈拉帕
经济、工艺与文字
宗教
印度河流域文明的起源及其宿命

印度河与恒河两条大河形成了两大流域，进而在巴基斯坦、印度北部与孟加拉国形成了冲积平原。印度河的主流与支流向西南奔腾而下，而恒河则向东南顺流而下，两条大河沿岸人口稠密，而沿恒河谷地聚居的人口更为稠密。印度文明不仅受两条大河的滋养，还得到了西南季风的助益（西南季风偶尔迟迟不来，会形成饥荒）。季风在6月抵达孟加拉湾口，再由恒河口沿恒河长驱直入，在恒河平原形成降水，降水量随着季风的推进而减少，愈往内陆，雨量越少，直到9月前后，季风在印度河上游式微，几近消失。西孟加拉邦位于恒河入海口，临近的布拉马普特拉河三角洲滋润着孟加拉国，这两个地方的人口密度每平方千米超过1000人。溯恒河而上，印度的比哈尔邦（Bihar）与北方邦（Uttar Pradesh），人口密度每平方千米各降到900人和800人。到了印度河流域上游的旁遮普邦，人口密度则降为每平方千米400人至500人左右；而不在西南季风影响范围的巴基斯坦信德省（印度河流域下游），人口密度则仅略高于每平方千米200人。

然而，南亚的都市文明并非诞生在更加湿润的恒河与布拉马普特拉河谷地，而是诞生在了相对干燥的印度河流域。印度河流域分为两个区域，上游为旁遮普，意思是"五河之地"，寓意印度河的五条支流流经这里。这五条支流自西向东分别为：杰赫勒姆河（Jhelum）、杰纳布河（Chenab）、拉维河（Ravi）、萨特莱杰河（Sutlej River）与比亚斯河（Beas River）。五条河流由冰川补给，终年不断，因此该地区凭此可以维持面积广泛的沟渠灌溉系统，加之欧亚大陆吹来的冬季季风补足了夏季季风为数不多的降水，这里十分适于发展农业。这里的农作物一年可以有两大生长季。信德位于印度河下游，虽然得名自印度河这条大河的古名，却不曾沐浴两季季风。信德大部分区域的年降水量还不足130毫米，除了沟渠灌溉的区域外，信德的其他区域几乎无法进行农耕。在夏季，哪怕是树荫下的气温都高达50℃，这已然是常态。部分区域土壤盐分较高，远远望去，一片银白荒芜之象。在人口无比稠密的南亚次大陆，信德的人口密度最低，不过看上去貌似不是这样。印度河慵懒地蜿蜒注入河口，河口地势高于环绕的平原，印度河在河口堆积的冲积层像河堤一样将平原包裹起来。印度河时不时地会冲破天然河堤，在平原上留下厚厚的丰沃新土，直到形成新的河道。印度河的泛滥期不像尼罗河那般可以预期，但它携带而来的富饶沃土却是尼罗河的二倍。如同尼罗和两河流域*，印度河也为早期文明创造了一片繁衍生息之地。印度的干旱区以小麦、大麦和小米为主食（与种植稻米的湿润区不同，如印度东部及南部滨海地带），它与西亚和地中海干旱区连成一片，那里是农业与家畜驯化的起始之地。

摩亨佐-达罗与哈拉帕

有一座公元前3000年到前2000年的城市遗址就坐落在这样的自然环境下，这座遗址就是摩亨佐-达罗（Mohenjo-daro）遗址；在其北部550千米处，发现了另一处遗址哈拉帕（Harappa）。哈拉帕遗址位于今巴基斯坦境内的旁遮普省拉维河附近。这些城市的布局惊人地相似，都包含三部分：（1）一座下城，但并未发现城墙，街区由几条大道分隔开来；（2）下城西侧有高起的土丘；（3）旧河床旁边有谷仓建筑群和仓库。这些遗址还有待继续挖掘，但综合以上要素，我们仍然可以拼组出这些城市的景象。

下城

摩亨佐-达罗遗址的住宅区（从哈拉帕遗址中挖掘出的住宅区十分稀少）由10米宽的大道区隔开来，这些大道呈南北和东

---

* 两河流域指底格里斯河和幼发拉底河之间的区域。——编者注

西走向，类似都市的街区。狭窄细长的小巷将这些 350 米 × 250 米南北走向的街区分隔开，通向紧密相邻却宽敞舒适的民众住宅区。在主街的一侧，可看到毛坯砖墙，少有窗门，然而证据显示砖墙内侧抹过墙。面向主街的砖墙立面很可能曾饰以涂浆、彩绘与木刻。窗户隔板是石头的，也许还有的用的是芦苇、竹子等易朽材料。窗户隔板用来遮挡阳光，同时让空气流通，在低纬度住宅装修中特别受欢迎。在今日南亚的古城民居中依然能够见到摩亨佐-达罗遗址住宅区的布局：无所装饰的建筑外观、窄小的入口、入口旁的守夜人房间，还有通往小房间的内庭，仍是常见的布局。残留的楼梯遗迹显示住宅可能有两层以上。在内室，我们发现有井室、浴室，还有带坐式马桶的厕所，厕所并非当代南亚常见的蹲式马桶。整体来看，印度早期城市对于公共卫生原理有着十分出色的领悟，并有秩序地践行着这一原理，如提供清洁的水源和处理污水。内庭和浴室内的陶制管道砌在了砖墙里，通向街上的地下排水管道。楼上的污水通过嵌进砖墙的排水管道排出。街道上的检查井用砖石覆盖着，有了检查井，城市的垃圾清理人员就可以时常疏通并定期清洁公共排水管道。家庭产生的垃圾可以通过垃圾斜槽倾倒进房子外面的长方形垃圾箱里，城市垃圾清理工则负责清理街道上的垃圾箱。街道上的公井则为大家庭供水。

从这些街道规划、供水工程和污水处理系统平淡无奇的细节中可以看出，居住在印度河岸旁的人们过着城市生活。他们显然是依照计划施工的,因为设计呈直角交叉的主街布局必须要依靠明确的决策和集体的合作。他们建造的并非是一个个杂乱丛生的村庄,而是一批南亚最早的城市群。从许多方面看,摩亨佐-达罗遗址的城市群是当时世界上最现代化的城市,即便消失之后,在很长一段时间里南亚也没有能与其相提并论的城市。住在这里的人们知道,要想居住得舒适又幸福,必须要有不同于小村庄的新型大规模卫生系统。

谷仓

在摩亨佐-达罗遗址的北部是哈拉帕遗址,在该遗址发现了两排政府兴建的一模一样的小型双房建筑。从建筑的标准化设计和邻近堡垒的位置可以得知,它们是奴隶或类似奴仆的工匠居住的营房。营房北侧是圆形砖造磨谷平台和12座谷仓遗址。其中一座平台的中央凹槽残留着小麦和大麦,人们可能是用木制捣杵碾压谷物的。木造谷仓建在表面砖造的土台上,土台有三根平行的桁,可以保证良好的空气流通,避免谷物发霉。谷仓不远处是旧河床,这说明国家以税金或贡金的名义向内陆的村落征收谷物,用船只将征收的谷物运送至离河不远的谷仓储存起来。这批谷物用以支付国家雇员的薪水,并为城市供应粮食。必要时,奴隶或工匠会把粮食磨成粉状。这样的谷仓聚落令人不禁想起埃及和美索不达米亚宫殿、神庙里的谷仓,它们还有自己的烘焙师、酿酒师和奴隶。

在摩亨佐-达罗遗址发现了一座堡垒之中的谷仓（也是某种类型的仓库），面积比12座哈拉帕谷仓加在一起还要大。下城是否也有这样的谷仓，仍有待发掘。27座方形砖造平台，排成矩阵，以通气管道相连，组成木造谷仓的下方基座。穿过一座大楼阶梯，可以来到隆起的土丘和大型谷仓。在下城发现了16座工匠住的棚屋，类似哈拉帕的营房。虽然还不能确定这些6米×4米的双房棚屋里究竟住的是从事哪些职业的人群，但棚屋的存在进一步证明，这里已经产生了有组织、成编制的劳动力，进而也暗示着某种形式的政府机构的存在。

高丘

在摩亨佐-达罗和哈拉帕，最壮观、最引人注目的建筑是西侧的高丘。哈拉帕的高丘建筑立于泥土与泥砖平台上，高出地面约10米。沿着平台建有巨大泥质砖墙，底部厚度超过10米，内外平面同时变窄呈锥形，外墙则铺以烧砖护坡。

不同间隔处和角落都设有防御工事。大门位于北侧，西侧则设有侧门与露台。内部区域呈平行四边形，约350米×200米，长轴呈南北走向。在摩亨佐-达罗，被发掘出来的类似建筑并不多，但已有的便足以说明它们是相似的类型，相比于哈拉帕，人们对摩亨佐-达罗高丘的建筑群了解更多。除了摩亨佐-达罗堡垒谷仓外，尚有三种建筑：大浴池、"学院"与集会厅。

浴池深2.5米，规划的面积约12米×7米，建筑方式相当讲究。浴池周围为砖造，覆以一层防水沥青后，再覆上一层砖；角落设有出水口，并有砖造台阶通往浴池。浴池的三面设有小室，若从宗教的角度解释浴室的功用，则小室可能是隐居室；若从俗世的角度解释，则可能是更衣室。仪式性沐浴和洗去污秽之物，是古代印度教的核心观念。

在浴池的东北方是"学院"，学院类似于浴池周围的小室，紧邻着一方约10平方米的小院。考古工作者推测这里可能住有僧团，因此得名"学院"。"学院"的南侧有一座约30平方米的大厅，设有每排五柱、共四排的砖造矮墩，类似于稍晚的波斯阿契美尼德王朝的觐见厅。高丘显然具有多种功能，也许包括用水净化的宗教功能，也许是进行集体表决的市政场所，也许可以充当防御堡垒，当城市受到攻击时，居民可撤退避难。下城区并未发现防御城墙。

其他印度河流域遗址

据美国考古学家费尔瑟维斯（Fairservis）估计，摩亨佐-达罗与哈拉帕遗址的下城人口分别约为4.1万和2.35万，它们虽是印度河流域人口最稠密的城市，但绝不是印度河流域仅有的两座城市。目前已知有1000余座印度河流域文明遗址。考古学家在娑罗室伐底河（Saraswati）干涸的河床上发现了遗址群，其中最大的甘瓦里瓦拉（Ganweriwala）面积几乎与摩亨佐-达罗和哈拉帕遗址相等。今印度共和国内的哈里亚纳邦的拉吉加希（Rakhigarhi）的面积也几乎与摩亨佐-达罗和哈拉帕遗址面积相等，而古吉拉特邦的多拉维拉（Dholavira）则面积略小。讲到这里，我们已确认的城市遗址至少有5座，另有许多小镇和多得数不清的村落。

这些遗址分布得如此广泛，着实令人惊讶。遗址由旁遮普的哈拉帕往东，最远可达恒河谷地；由信德的摩亨佐-达罗往南直抵阿拉伯海，并沿着巴基斯坦与印度1300千米的海岸线，向西和向东南延伸，从马克兰海岸（Makran）到卡提阿瓦半岛（Kathiawar Peninsula），再到坎贝湾（Gulf of Cambay）。相距最远的聚落，间隔超过1600千米。夏图盖（Shortugai）是位于阿富汗北部的哈拉帕遗址之一。不同遗址的物质遗迹展现出极大的相似性。摩亨佐-达罗与哈拉帕遗址证明，印度河流域形成了一个劳动分工复杂的阶层社会，以收税或征收贡金的名义要求广大内陆地区上交剩余农产品。我们可以合理地推论：印度河流域的城市形成了一个或多个国家。不过，考古学家对此仍未有定论。

经济、工艺与文字

内陆地区农民用宝贵的剩余农产品供养着印度河流域庞大

的城市和乡村，然而我们对这些农民和他们的耕作方式却知之甚少。现代印度的农村人口是都市人口的四倍，可以推断当时的农民应该非常多。在信德地区，印度河一次又一次泛滥，不断为表土提供肥沃的养料。此外，与我们今天一样，在当时，灌溉一定十分重要且必要，但我们尚不清楚该地区当时是如何灌溉农作物的。

这里的主要农作物是小麦、大麦（也许是在本地驯化栽种的）及小米（来自非洲），而不是稻米，不过古吉拉特或许种植了稻米。有零星的棉布留存至今。此地自古以来生产棉花，棉花传到地中海当在很久以后了。在印度河流域文明消失近千年后，希罗多德以惊诧的语气写道，信德生长着"羊毛之树"（wool-bearing trees）。家畜主要有驼峰牛（高峰牛与低峰牛）、绵羊、山羊，也许还有骆驼和驴子，但没有马（这里并无野生种）和大象（已在印度河流域绝迹）。根据印度河流域出土的赤陶牛车雕像判断，挂着沉重车轮的牛车应是当时农村的主要交通工具，这类牛车在今日的信德仍然看得见。这些赤陶小像可能是儿童玩具。

从印度河流域居民使用的工具可以看出，他们虽仍在使用石制工具，但已进入了青铜社会。当然，石制工具随处可见，以黄铜和青铜为材料制作的金属工具（这种金属工具含有少量的锡，用以强化合金）却并不常见，它们的外形也经常仿造石器原型。例如，斧刃为扁平状，没有承槽，必须以皮条固定在握柄上，一如石斧的固定方式。矛尖为叶形，缺乏增厚的中脊，因此很难承受撞击，除非深嵌在矛身的劈裂接口中。常见的铜制箭头带有深深的倒钩却无铤部。其他金属工具有刀、凿、锯及鱼钩等。

一份出土的工艺品清单，揭示了印度河流域文明的工艺品有着相当多样的制作材料：玻璃与别针（铜）、化妆品盒（滑石）、多种材料制作的精美串珠（金、银、铜、彩陶、滑石、半宝石、贝壳及陶）以及雕像（石灰岩、雪花石膏、铜及赤陶）。有些材料当地并不生产，而取材于别处，因此可知，印度河流域的城市与远方的波斯（埃兰人）、阿富汗及印度河流域以东的印度其他地区建立了贸易往来。印度河流域文明的印章等物件传到了两河流域，那里的苏美尔人与阿卡德人听说这里盛产稀有商品，因此称印度河流域文明为"美路哈"（Meluhha），印度河流域文明即以此名享誉两河流域。伊朗东南部的考古挖掘发现，早期的埃兰城市生产金属矿产、滑石、青金石和雪花石膏等商品，埃兰人可能将商品运往了两河流域和印度河流域，并将印度河流域的商品运往西边，扮演着两河流域与印度河流域贸易中间人的角色。

印度河遗址发现的方形滑石印章，因印刻的文字而成为最引人注目的艺术品。这些印刻面积略大于2.5平方厘米的印章，一般刻有精美阳纹图像，以高峰公牛最为常见。有些印章上还刻着老虎、大象等动物，虚构的怪兽和少量的人形。印章顶部有一段简短的铭文，但目前尚未破解书写铭文的字母。这套字母有400

多种符号，数量极多，因此不可能是单纯的书写字母或发音字母。目前所知，没有一种语言使用超过100种音素。虽然其中多数为象形文字，但是也有一些元素是变音符，也有一些是词尾，另一些则明显是数词。这些印章十之八九用来盖在软泥上以示所有权。铭文都很简短，据推测，大多刻着主人的名字。这套字母系统是什么语言虽然未知，但最有可能是达罗毗荼语的一种，因为印度河与恒河流域都有小块达罗毗荼语区，但也可能是其他语言。古埃及圣书体文字得以破译，归功于罗塞塔石碑上刻着同一内容的多种语言，而阿育王时期硬币铭文得以释读，也是因为硬币上同时刻着希腊语和古印度俗语（Prakrit）铭文，然而，上述印章并没有刻着类似的双语铭文。但是，因为印度河流域文明与其他有了自己文字的民族有着海上贸易往来，尤其是与埃兰人贸易频繁，兴许还与两河流域的民族做生意，所以说不定有朝一日可能会出土刻有双语铭文的文物。显然，印度河流域的居民已经有了自己的文字，但他们的文字最终灭绝了。有说法认为，这些文字演变成了阿育王时代的婆罗米文，但学界目前尚未认可这一观点。

宗教

印度河流域的铭文未能破译，这限制了学者对印度河流域宗教的解读。当前学者普遍运用已了解的古代印度教来解读印度河流域出土的文物，因为他们认为印度河流域的某些文化元素必定延续至今，影响并塑造着之后的印度文化。尽管学术界极为推崇这样的解读方式，但是我们必须对此慎之又慎。印度河流域出土的文物印证了一个观点（猜测），即古代印度教的某些特质可能源自文物制作者信仰的宗教，后者可能是前者的原型。以下三类出土文物与这个假设相关。

第一类是大量低成本制作的红陶女俑，女俑装饰繁多，戴着项链、耳环和扇形头饰。人们很自然地会认为它们是专供民众敬神活动而批量生产的陶俑，用来祈祷丰收、家畜繁育顺利，以及人丁兴旺。地母神像在整个新石器时代的西亚乃至史前时代的欧洲十分常见。据此推测，印度河流域的塑像刻画的是当地的地母神，地母神是后来的印度教大女神（Great Goddess）雪山女神，即主神湿婆的妻子的原型。当然，这些出土的塑像完全有可能并非用来祭祀，而只是儿童玩具。

第二类是刻有兽形、人形和人兽混合形象的印章，这些非自然的形象很可能代表着神祇。其中一枚印章上，我们发现戴着角形头饰的男子，他双手放在膝上，身旁围绕着两只羚羊、一头水牛、一头犀牛、一头大象和一只老虎。约翰·马歇尔（John Marshall）首次将印度河流域遗迹放在印度教的话语体系下详细阐述，该理论称上述形象是"湿婆原型"（Proto-Shiva）。后来的印度教确实称湿婆为"百兽之主"，而印章上的男子身边环绕着多种动物，这样的形象似乎与"百兽之主"的称呼相匹配。这名男子的姿势令人想起某种瑜伽体位法，而湿婆的别称即为"瑜伽士之神"（Lord of Yogis），倘若未经大量练习并忍受肌肉的多种不适，一般人是很难模仿出这种姿势的。

第三类是一组石制工艺品，用传统的表现手法来象征阳具与阴户，也许与我们所知的印度教中用来供奉湿婆的石雕阳具或林伽（linga）有关。

印度河流域的宗教似乎拥有神祇的形象（神庙存在与否尚未证实），众神为半兽半人的形态。瑜伽、"百兽之主"湿婆及其配偶大女神是"湿婆信仰组合"的早期形态，均与生育和生殖器联系紧密，象征着强大的生殖能力，为"印度教某些特质由来有自"的说法提供了合理依据，这一说法有待后续研究加以验证。

印度河流域文明的起源及其宿命

印度河流域文明如何起源，又如何发展直至消失，这两大问题一直是未解之谜。仅凭留存下来的无声遗迹，我们对该文明的经济、社会结构和文化知之甚少，对于它是如何发端又如何终结的，所知就更少了。

放射性碳年代确定法将印度河流域文明的成熟阶段，界定在前2300—前1700年之间。考古学家在将这些测定结果与美国西南部狐尾松的年轮比对后，把时间大幅回推到前 2500—前 1900 年，这表示印度河流域文明连同美索不达米亚文明、尼罗河文明位列古代世界三大最早期文明。其中美索不达米亚文明的城市生活起步较早（前 3100 年），但并未早太多。此外，印度河流域的文明遗址与美索不达米亚文明遗址大体相似，例如，都使用印章、建有中央谷仓，下城是居民区，城堡都建筑在土丘之上。印度河流域文明的街道布局呈直角状，而美索不达米亚城市的街道则蜿蜒曲折，就像当代纽约大街与伦敦大街那样区别鲜明。就我们目前已知的印度河城市来看，许多印度河城市直接建在未开发的土地上，而非世代累积发展的结果，这个事实进一步证明它们明显不是自然形成的，而是有计划地兴建的。难道这些城市的规划者是来自美索不达米亚吗？

极有可能不是。印度河流域文明的生产技术可能类似于美索不达米亚的生产技术，但其制成品独具一格，在细节上与后者大相径庭。印度河城市的建立者可能来自若干青铜器时代的农耕文化区，后者位于巴基斯坦境内印度河下游以西的俾路支（Baluchistan）深山里。按照考古学命名传统，以首先发现陶器的地点命名这些文化：兹霍布（Zhob）、托高（Togau）、奎达（Quetta）、阿姆里–纳尔（Amri-Nal）和库里（Kulli）。陶器的形制类似于伊朗陶器，可能源自伊朗。有些遗址较印度河流域文明早了一千余年。巴基斯坦的梅赫尔格尔（Mehrgarh）考古发掘显示，早在印度河流域建立城市的三千年前，这一地区就已有了农业。因此，印度河流域文明起源于本地区的说法，似乎比源自美索不达米亚的说法更可信。根据遗址的地面发现和少量考古挖掘，我们可以得知这些聚落大体上与印度河流域文明具有一致性：相对孤立的小型深山里的村庄；农作物以大麦、小麦为主，畜牧高峰牛、绵羊和山羊；在集水沟各处建造石制拦水坝，保存珍贵的雨水灌溉农田；用磨石与石皿研磨谷物。印度河流域的大部地区陶器形制普遍相似，然而，在这里，不同文化、不同遗址在细节上尤其是陶器上千差万别，与印度河流域文明形成了鲜明对比。

考古学家格雷戈里·波塞尔（Gregory Possehl）指出，西亚和地中海地区的农业与家畜驯化，源自人类与该地区原生的大麦、小麦、牛群、绵羊和山羊之间的相互作用。他进一步指出，印度河流域原产大麦、牛、绵羊和山羊；这里可能一度生长着野生小麦。丰富的考古证据显示，早在印度河城市发展成熟（前2500—前1900年）前，印度河旁的村落已在驯化这些农作物和动物。波塞尔认为，我们与其假设技术是由西亚传播到印度河流域的，不如也将印度河流域纳入包括美索不达米亚在内的干旱区。人类的驯化首次出现在干旱区的多个地方，其中就包括印度河流域。

印度河流域文明的终结与后续

公元前1900年左右，印度河流域的城市文明终结了。印度河流域的城市在公元前2500年左右突然出现，存在了约600年的时间，不及埃及和美索不达米亚的城市存在得长久。属于印度河流域文明的许多小镇和村落一如从前存在着，有些甚至延续到铁器时代（前1000年），而城市生活却走向了终结，直到公元前5世纪第二次城市化开始，城市生活才得以复苏。印度河流域文明的字母系统灭绝，直到阿育王时代之前或阿育王时代，才又重新发明了文字。

我们不清楚印度河流域的城市为何消亡，也不清楚城市是瞬息之间消失的还是逐渐衰落的。主张城市迅速消亡的学者重点关注大灾难如天灾（水灾）和人祸（军事入侵）的影响，而主张逐渐衰落的学者则关注生态因素（如河水枯竭）和内部因素（如发展停滞、道德堕落）的影响。

在信德，印度河在高于两侧平原的河堤之间流淌，洪水对农业是恩泽，对两旁的村落却时常是个隐患。摩亨佐-达罗的下城至少三次遭遇水患后又重建。水文学家R. L. 雷克斯（R. L. Raikes）认为摩亨佐-达罗等遗址可能是在一次洪灾后被遗弃的。阿拉伯海滨一带的印度河流域遗址分布在距离海边40千米—50千米的内陆地区，这表明它们起初分布在沿海地带，但由于某段时间内海岸大幅抬升而远离了大海。阿拉伯海滨一带位于地震带，海岸抬升可能会突然发生。倘若海岸抬升时，印度河流域已有定居城市，如果海岸抬升足够猛烈，如雷克斯所言，印度河下游的流向可能会因此而改变，并在没有任何前兆和预警的情况下淹没河岸平原和聚落。然而，与孤立的一个一个城市点不同，整个文明不会在自然灾害中即刻毁灭；就算雷克斯对信德南部城市消亡的推测是正确的，印度河流域旁遮普地区的城市也不会受到水患的影响。

哈拉帕遗址和其他印度河遗址的下层显示它们曾遭受入侵，遗址的砖块被入侵者挪用建造脏乱小屋［朱卡尔文化（Jhukar）］。在这里和其他地方，铜制或青铜制长柄斧头的出现带着不祥之感，它们一般出现于印度河城市的终结期。摩亨佐-达罗遗址的最上层出现了弃置于街道和屋内的人类骨骸，这些骸骨并未下葬，这样的场景强有力地证明有暴力事件发生。莫蒂默·惠勒爵士（Sir Mortimer Wheeler）认为入侵者是早期雅利安人。雅利安人神圣的颂诗集《梨俱吠陀》（Rig Veda）提到，战神因陀罗（Indra）摧毁了敌人达休（Dasyu）的百墙堡垒。然而就掌握的资料而言，印度河流域城市毁灭于公元前1900年左右，而雅利安人抵达印度则是四个世纪或更久以后的事情了。

气象学家里德·布赖森（Reid Bryson）则坚持认为印度河流域文明毁于自然环境的恶化，过度开垦造成土壤营养物质流失，水土流失带来了沙尘暴，宜人的气候转而变得干燥，造成信德地区以东的拉贾斯坦（Rajasthan）荒漠化。信德确实一度拥有比今日更为多元的物种，甚至是需要树荫、水源和大量草地才能生存的大象（若非进口）、犀牛与老虎也曾在信德地区繁衍生息。今日还可在阿萨姆邦的布拉马普特拉河畔青草如茵的湿润洪水平原上见到它们的身影。然而，和洪水理论一样，单靠生态理论并不能解释印度河上游旁遮普城市消失的原因。

这些理论都暗指印度河流域的人民无力应对强大外部因素的冲击，无法适应新的有竞争力的环境，他们在挑战面前退缩了。虽然他们也重建了遭受水患的城市，重建并加强了防御工事，曾在信德与旁遮普各地推广农业，但此时他们面对强大的冲击，缺乏内部资源去重建家园、保卫家园或迁徙到更宜居的地方。所有前述理论最终都可以归结为内部资源的问题，包括物质资源和精神资源。

印度河流域城市消亡的原因仍没有定论。然而，在城市生活和文字猝然消亡的背景下，更重要的问题则是印度河流域文明与之后的古代印度之间究竟有何延续关系。我们之前讨论过古代印度教与印度河流域文明可能存在延续关系，例如湿婆崇拜、瑜伽和母神的概念，还有部分学者认为印度河流域文明是由吠陀时代说梵语的雅利安人建立的，他们定居在娑罗室伐底河流域。娑罗室伐底河流域分布着甘瓦里瓦拉和许多印度河流域小型遗址。印度-娑罗室伐底文明理论有许多问题，最主要的漏洞是在印度河流域的城市几乎找不到马匹和战车的遗迹，而最早的吠陀文献却频繁提到马匹和战车。

此后，在雅利安人抵达印度次大陆后，距离文字和城市生活的复兴，尚有数世纪之久。雅利安人对古典印度文明的形成做出的最显而易见的贡献，就是形成了一种文化复合体，它综合了许多先前文明和文化的技术、习俗和信仰，其中残存的印度河流域文明的文化最引人深思。从日常生活层面看，今日仍可在信德找到实轮牛车，而南亚其他地区后来从印度西北引进了轴轮车，这可能是印度河流域文化残存的一证。从更高层面而言，印度教崇拜大女神和湿婆，这也可被看作印度河流域文明存续的一证。然而，到目前为止，印度河流域文明的历史仍旧是自成一体的篇章，与后续印度文明之间的联系仍旧不够明确。只有进一步的考古发掘才能验证我们的猜测，即吠陀时代及之后的历史时期是否残存着印度河流域文明的特点。

第三章
吠陀时代

《梨俱吠陀》
经济、技术与社会
印欧语系、印度-伊朗语族、印度-雅利安语支
吠陀后期
史诗:《摩诃婆罗多》与《罗摩衍那》

在印度河流域文明的字母系统破译之前，印度河流域文明的历史只能通过物质遗迹解读；而开启南亚文明下一个时代的雅利安人则恰好相反。雅利安人的早期居住点十分简朴，没有给考古学家留下太多可供挖掘的遗迹，但我们可通过他们留下的丰富的宗教文献吠陀（Veda），重构其精神生活。因此，相比于雅利安人的居住点形态、经济和生产技术，我们对于他们的信仰显然会有更多的了解。可以说，我们在吠陀中看到的是南亚早期雅利安人的精神和心灵，而非他们创造的物质文明。

《梨俱吠陀》

《梨俱吠陀》是吠陀文学中最古老的一部，收录了1028首颂神的诗歌，分为10卷。收录作品分属不同时期：文献的核心部分由若干古老祭司家族的私密仪礼记录组成，仪礼记录后来单独成一卷；之后加入了敬颂酒神苏摩（Soma）的颂诗；再稍晚，第一卷和最后一卷加入了最富沉思哲理的颂诗。

《梨俱吠陀》是一部颂诗集，并非反映社会的篇章，因此想要复原《梨俱吠陀》时代的社会和生活样貌相当困难。因此，我们先来了解雅利安人的神话和宗教，之后再来认识他们的社会、经济和生产技术。

《梨俱吠陀》众神

《梨俱吠陀》颂诗主要敬颂的是天（deva），意为"辉曜者"。"天"多与天空有关，与大地和植物开花结果的神话关联性较低。天空之父特尤斯（Dyaus Pitar）的名字与"天"同源，《梨俱吠陀》很少单独赞颂特尤斯，而是将其与地母神关联在一起，这可能是《梨俱吠陀》里间接提到的最古老的创世说。在《梨俱吠陀》中，特尤斯已将主宰宇宙秩序的荣耀让给了伐楼拿（Varuna）。伐楼拿是吠陀诸神中少数具有鲜明伦理道德品格的天神，犯错者无法逃过他的千千法眼。同样，在最后一卷中，伐楼拿的地位被生主（Prajapati，众生之主）取代。生主是造物主，通过自我牺牲，用肢解的身体创造出现象世界。除了这些威严的神祇外，我们还可以看到体现友谊、和善并守护契约的密多罗（Mitra）；食用祭献并将之传递给众神的火神阿耆尼（Agni）；因一种醉人饮料而得名的酒神苏摩，这种饮料提取自一种致幻植物（部分学者认为是某种蕈类，其他学者则认为是麻黄），后世的一系列重要献祭都会祭献酒神；第一个死去的人——死神阎摩（Yama），统辖聚于天空之父国度的亡者灵魂。

对吠陀时代的雅利安人来说，尽管上述诸神祇很重要，但因陀罗才是雅利安人心目中的英雄和模范武士。他挥舞着雷电，杀死恶魔弗栗多（Vritra），释放受阻的生命之水，使其流淌无碍。他身为众神之首，率众神迎击魔神阿修罗（Asura）。他也代表雅利安的追随者摧毁敌人的高墙壁垒。其他诗篇提到，他过度饮用苏摩后就会陶醉狂欢。因陀罗是吠陀时代的武士，他可以长生不死，每次战胜敌人后，在英雄式的狂饮较量中，只有酒神苏摩的酒量能超越他。

吠陀众神与天空、太阳和天气密切相关，虽然也有几位重要的女神，但男性诸神占多数，其中最知名的女神有地母神、黎明女神（Ushas）、语言神波耆（Vach）。然而，后世印度教中的两大重要神祇湿婆与毗湿奴（Vishnu），却极少出现在吠陀众神中。暴风神楼陀罗（Rudra）性格暴烈，只能安抚而不能向其祈求恩泽，后世印度人观念里的湿婆其实融合了暴风神楼陀罗和其他思想元素。在吠陀经典中，毗湿奴是一名侏儒，踏出三大步，即为众神赢取了大地、空气和天空，并将恶魔驱赶到了地下世界。

《梨俱吠陀》的宗教

在毗湿奴为众神赢得的三层宇宙之外，是秩序领域，由众神之神伐楼拿掌管。宇宙秩序的观念类似自然法中的科学概念，但宇宙秩序不仅有物理内涵，还有道德指涉。偏离古老的习俗和惯例，如同脱离宇宙秩序，将招致混乱。宇宙秩序一旦建立就时常需要通过献祭重建，重现生主原初的创造之举。

雅利安人不像印度河流域的人们那样建造了神庙或为神塑像。他们信奉献祭，神圣之火是他们信仰的核心。神圣之火可以是家里点燃的灶火，也可以是在户外专门燃起的火堆，火堆四周形成了一个圣圈，圈里是神圣领域，最好有几个临时搭起的小棚屋，而圈外则是世俗世界。这一时期并没有后世印度教建造的寺庙。众神存在于无形之中，坐在人们为他们铺撒的干草上，火神吞入人们奉献给众神的奶油、牛奶、水果、谷物和肉类，将之转化为众神可以消化的细食，传给众神食用，这一切都是在无形的存在中进行的。此外，活着的人也需要通过献祭来供奉祖先。在《梨俱吠陀》时代，更加繁复的祭祀仪式多则需要四名祭司来协助；继而，随着祭祀仪式愈趋讲究，主祭人也逐渐增多。

在朴素的层面，献祭者祈求生前获得世俗利益，诸如长寿、多子多孙、财源滚滚、闻达士林以及宰制仇敌；死后进入先祖的世界，与阎摩共餐。在哲学层面，宇宙秩序自身通过献祭持续重建，由此避免混乱发生。

经济、技术与社会

《梨俱吠陀》中人们的职业主要是牧民与农夫。马队每日引领太阳战车横跨天空，如同他们引领雅利安人的战车在战场上杀敌一样。对于一辆畜力驱动的双轮战车来说，车轭更适合套在宽肩的公牛身上，因为马匹的颈项太细，套上车轭后容易窒息；不过，相比于印度河流域文明牛车的沉重实轮来说，雅利安人马车的轻质轮辐无疑是明显的进步。骑马出行仅限于下层社会，或是急需逃跑的人。和他们信奉的神祇一样，吠陀时代的贵族主要驾驶双轮战车。当骑兵取代双轮战车成为印度的精锐部队时，稍后出现的印度教里的众神也有了坐骑。

牛群是主要的财富象征，为军队提供畜力，为人们提供肉类和奶品，因而备受珍视。战争的一个同义词是"渴望牛群"（*gavishti*），盗牛更是《梨俱吠陀》里部落间发生冲突的肇因。牛是吠陀时代的祭品之一，吠陀部落的人依习俗烤牛待客以示尊敬。牛在当时是贵重而神圣的动物，但印度教徒禁食牛肉则是后来的事情了。除了牛之外，驯化的家畜还有山羊、绵羊和犬。

《梨俱吠陀》提到了木工和纺织，还提到当时已使用黄铜和青铜，可能还有早期的铁和金银。屋舍可能很小，建筑材料也不经久耐用。

《梨俱吠陀》里描绘的平民生活图景，与印度河流域的城镇截然不同。他们是尚武好战的流浪部落，当战士未忙着偷盗其他部落的牛羊或对抗敌人的高墙壁垒时，就照顾自己部落的牲口。他们称原居民为达休或达萨（Dasa），这两个词很快成为"奴隶"的同义词。虽然吠陀时代的雅利安人经常迁徙流浪，但不能将其视为古典时期中亚游牧民族一类。他们并非真正的游牧民族，在放牧的同时，他们也进行农耕；而农耕与游牧其实是不相容的。他们栽种大麦或小麦（稍晚也种植稻米），可能使用木犁耕地，之后改进了木犁，加装了铁犁头。北印度的T型尖端木犁一直沿用了数千年之久。虽然尚不清楚印度河流域的人们使用的是何种工具，但是在吠陀时代，相比于史前印度使用石锄进行精耕细作，T型尖端木犁确实是一个显著进步。

印欧语系、印度-伊朗语族、印度-雅利安语支

《梨俱吠陀》中的雅利安人究竟是谁？他们从哪里来？为了回答这些问题，我们必须先了解他们的语言梵语在其他

相关语言中的地位。梵语及其衍生语言，即北印度的现代语言（印地语、孟加拉语、旁遮普语等）统一被称为印度-雅利安语支。印度-雅利安语支在结构上最接近伊朗语支，二者共同构成了更大的印度-伊朗语族。印度-伊朗语族是印欧语系的九族之一。九族中的六族位于欧洲（凯尔特语、日耳曼语、意大利语、阿尔巴尼亚语、希腊语和波罗的-斯拉夫语），两族位于中亚（亚美尼亚语、已灭绝的吐火罗语），还有一族位于伊朗和南亚（印度-伊朗语族拥有两个语支：伊朗语支和印度-雅利安语支）。已灭绝的赫梯语也应包括在内，它通行于公元前2000年的西亚，是印欧语系的一个分支，或者说十分接近印欧语系。

在现代印欧语系这个大型语系里，不同分支间差异很大。然而，比较各分支的发音系统、词汇和语法结构却发现，它们呈现出有体系的比照，因此，我们理应假设它们都衍生自某种已经灭绝的亲族语言，可称其为原始印欧语（Proto-Indo-European）。原始印欧语衍生出的子语逐渐分化，分布于不同的地域。在这些变迁之中，印度-伊朗语族又进一步分成两支：一支在伊朗生根，另一支则迁徙至北印度。在说印度-雅利安语的族群进入印度次大陆后不久，居住在印度河上游的雅利安人便创作了《梨俱吠陀》。

语言不会自己发声，而是由人说出来的。社会组织由人组成，人们拥有某些共同符号和价值——宗教、神话和法律，由此建构出独特的文化。若我们假设原始印欧语存在，那么可推知存在一个说原始印欧语的原始印欧社会与文化（这绝不是说他们与印欧人和雅利安人是一个人种）。使用原始印欧语的部落分裂、迁徙到不同的区域，各自独立，并与其他非印欧语系的人群、社会和文化互动，演化出了独立的子语、社会和文化。其中之一即为印度-雅利安语支。

原始印欧社会与文化可以通过比照子语间的词汇、宗教、神话和法律，在某种程度上进行重构。原始印欧语使用者主要是放牛牧马的牧民。他们采用轻轴轮和马匹，改良了上古近东地区的实轮驴车。虽然交通工具的改良便利了出行，但他们并非真正的游牧民族。真正的游牧民族后来活跃在中亚，如说伊朗语的斯基泰人就过着游牧生活。原始印欧语使用者从事某种程度的农耕，半定居在草木屋舍而非帐篷里；这些显示出他们过着一定程度的定居生活，而非持续性、季节性地迁移。他们饮用蜂蜜酒（发酵的蜂蜜），使用石制、铜制工具，熟悉制陶、纺织和木工工艺。

原始印欧语部落由数个父系家庭构成，儿孙、未婚女儿、妻子，或许还有仆役，都受权威家长的管理。宗教生活主要是向家里的圣火献祭食物，供奉父系家族的已逝先祖。对"天"（拉丁文 *deus*，希腊语 *theos*，梵语 *deva*）也进行类似的献祭，这些天神多半与天空、太阳和天气有关，天空之父（拉丁文 *Jupiter*，希腊文 *Zeus Pater*，梵语 *Dyaus Pitar*）即是如此，他与地母的有性结合创造出世界。晨曦女神是另外一位原始印欧女神，同时也是其中少数我们有把握复原的神。

法国比较语言学家乔治·杜梅吉尔（Georges Dumézil）比较了早期印欧语系里的神话，他认为原始印欧语的使用者将众神与社会抽象为三种功能，这三种功能形成了有机联系，按照等级排序：圣礼、军事和经济。他相信，仍可在罗马三神——朱庇特（Jupiter）、马尔斯（Mars）及奎里纳斯（Quirinus）中找到三种功能的痕迹，也可以在印度的密多罗、伐楼拿、因陀罗和双马童（Nasatyas）中找到痕迹，这些神分别对应着上述三种功能。可以确定的是，印度-雅利安人将祭司、武士和平民三个阶级的概念一并带入了印度，并与他们的伊朗"近亲"分享这一分层观念。若原始印欧语使用者事实上有了三重观念体系，那么就意味着部落内部组织已经存在某种功能性分工和阶层分化。

这种文化于公元前3000年传播到了西亚文明诸中心的北部。南俄草原发掘出了葬有骨骸的坟丘，经驯化的绵羊、牛群及马匹遗骸、战车、土制牛车模型、楔形、骨制及铜制工具，这足以表明印欧人的家园在南俄，这些遗迹和出土文物与语言学上重构的原始印欧社会有着密切关联。

最早说明印欧语系存在的一批文献来自公元前2000年的西亚。公元前2000年初，最早在西亚的土地上活跃的是赫梯人，他们在小亚细亚建立了有影响力的帝国，说着印欧语或是非常相近的语言。在公元前20世纪漫长进程中，巴比伦王国北部山区的族群入侵了汉谟拉比王朝，入侵者中也许有说印欧语的。我们发现，自公元前16世纪初期以来，控制巴比伦的加喜特国王的名字有部分是印欧人名。公元前15至公元前14世纪，两河流域上游的小王国米坦尼（Mitanni）留下了一批文献，从文献里神祇和国王的名字可以看出，虽然米坦尼王国的平民不使用印欧语，但统治精英使用的语言含有印欧语元素。另外，一份有趣的文献记录了驯马师奇库利（Kikkuli）训练战马耐力时使用的技术名词，从中也可以看出这一点。

这些细小证据清楚地表明，在宗教和语言方面，米坦尼的统治精英与伊朗人和印度-雅利安人有紧密的联系。然而，由于多方面的原因，他们之间究竟有着怎样的关联尚不确定。首先，米坦尼统治者使用的语言、信奉的宗教更加接近印度-雅利安人的语言和宗教，而非伊朗人最早的语言和宗教。目前我们掌握的最早的伊朗文献有两类，一类是阿契美尼德诸王的古波斯语铭文（前6—前4世纪），一类是《波斯古经》（*Avesta*）中赞颂伊朗的宗教改革家琐罗亚斯德（或称查拉图斯特拉，约前7—前

6世纪）的颂诗，这两类文献都不及《梨俱吠陀》古老，因此，我们并不了解伊朗语最初的形式，也不能精确地知晓琐罗亚斯德进行宗教改革前伊朗宗教的原貌。如此一说，上述结论也有可能是错误的。《波斯古经》使用的语言与《梨俱吠陀》使用的语言，只在少量语音转化上有所区别而已。例如，第一章我们提到，伊朗语将 s 弱化为 h，因此，梵语中的 *Sindhu*（河流、印度河）转化为伊朗语中的 *Hindush*（指印度河流域及其居民），继而有了英语世界从希腊语承袭的 Hindu、Indus 和 India。这样鲜明的转变在米坦尼文献中并未出现，说明此时伊朗语与印度-雅利安语尚未剥离，伊朗语将 s 弱化为 h 是之后发生的。此外，琐罗亚斯德教的宗教观有别于《梨俱吠陀》的宗教观，而后者已与史前印度-伊朗的宗教有所不同，琐罗亚斯德教虽然保留了献祭、火和祭司（*zaotar*，梵语为 *hotar*），却改革了印度-伊朗古老的天神崇拜。

米坦尼	伊朗	印度
阿鲁纳希希尔（Arunashshil）	阿胡拉·马兹达（Ahura Mazda）	阿修罗-伐楼拿（Asura-Varuna）
密多罗希希尔（Mitrashshil）	密特拉（Mithra）	密多罗（Mitra）
因达拉（Indara）	韦雷斯拉格纳（Verethraghna）	因陀罗-弗栗多罕（Indra-Vritrahan）
纳撒特提亚那（Nashattiyanna）	纳翁海提亚（Naonhaitya）	双马童（The Two Nasatyas）

因此在琐罗亚斯德教中，最高的光明神阿胡拉·马兹达等同于吠陀神祇伐楼拿；而在吠陀教中，伐楼拿的别称是阿修罗，指一群敌视天神的恶魔。另一方面，因陀罗-弗栗多罕（屠龙者）被印度-伊朗语部落奉为英雄，却在琐罗亚斯德教中被贬称为恶魔韦雷斯拉格纳，不过，印度人和米坦尼人都对因陀罗-弗栗多罕保留着原有的崇敬之意。

我们可以合理地推想，米坦尼王国留下的文献形成年代在伊朗语发生典型音变之前，也就是在伊朗语与印度-雅利安语剥离之前，不过并不能肯定事实就是如此。无论如何，可以肯定的是，在米坦尼王国存在期间，印度-伊朗人从印度-雅利安族群中分离出来，穿越整个伊朗高原，迁移到创作《梨俱吠陀》的印度河上游。因此，可将印度-雅利安语使用者进入印度和《梨俱吠陀》的创作时间，合理定在公元前1500至公元前1200年之间。

吠陀后期

吠陀文明源自西亚和中亚，并在印度发扬光大。相比于这时已然消亡的印度河城市，吠陀文明虽然在许多方面是一个更加简朴、有更多乡村特色乃至部落特色的文明，但它对印度次大陆的渗透性更强，在北印度、孟加拉国和斯里兰卡都有属于它的语言，它对整个印度次大陆地区的宗教和思想产生了影响。在这个过程中，它也吸收融合着印度河流域文明残留的文化，自身也在发生改变。

雅利安部落逐渐由《梨俱吠陀》之乡旁遮普向东扩散，在此期间，他们与印度的原有居民（其中必定有印度河城市居民的后裔）争战不断，部落内部也争斗不休。俱卢（Kuru）与般阇罗（Panchala）两大部落的祭司与王子们，被公认为正统言行的典范，两大部落的领地位于印度河与恒河谷地中间的德里，这里随后成为吠陀和婆罗门教的"中间国家"（Middle Country）。雅利安部落沿恒河持续向东扩散，公元前5世纪前到达孟加拉地区，雅利安其他部落则由恒河中游向西南扩散，也在公元前5世纪之前抵达古吉拉特的西海岸。

当雅利安部落覆盖整个北印度后，其宗教生活的核心——献祭的规模也在扩大，仪式也更加复杂，由此产生了大批有关仪礼的系统文献。这批文献统称"吠陀"。如我们所见，《梨俱吠陀》是吠陀文献中最古老的经典，严格意义上讲，它是一本"本集"（samhita），一本颂赞众神的赞美诗集，由召请神的启请祭司（hotar)唱诵。自印度-伊朗语时期，赞美诗就一直由祭司唱诵。祭司的职能不断丰富，随之产生了新的本集：《耶柔吠陀》（Yajur Veda Samhita）是有关如何举行献祭的本集，供祭司（adhvaryu）使用；《娑摩吠陀》（Sama Veda Samhita）是祭祀时唱诵的歌词，由歌咏祭司（udgatar）唱诵；第四部《阿闼婆吠陀》（*Atharva Veda*）形成最晚，与前三部内容迥异，收录了驱灾除病的咒语、爱情符咒和哲学沉思等。

每一部本集都需要不同的祭司流派来传诵、保存诗歌，并延续相关的祭司职能。后来，各流派创作了一部散文《梵书》（*Brahmana*），详细阐明仪式的背景和颂诗的重要性。有种种证据表明，主要的《梵书》编纂于俱卢和般阇罗等部落所在的中间国家地区。宗教流派对神圣信仰的进一步学术研究可分为两个方向：一个方向着重神秘沉思，另一方向则以实用知识为主。《森林书》（*Aranyakas*）和《奥义书》（*Upanishads*）集中体现了神秘和沉思的研究方向，通常以婆罗门祭司与雅利安诸王对话的形式表达哲学思想，这些新近建立的雅利安王国位于恒河中游，活跃在俱卢-般阇罗地区更东的地方。神秘和沉思流派的主要作品大约完成于公元前6世纪。耆那教与佛教的兴起晚于公元前6世纪，二者不属于吠陀时代的宗教，它们的教义自然而然地吸纳了《奥义书》中初步发展的部分教义。

祭祀种类不断增多，仪式日趋复杂，因此在实用层面产生了更加系统化的仪轨知识，总称为"劫波"（*kalpa*），以一系列隐秘散文律令的形式记录下来，称为"经"（*sutra*）。不多时，劫波知识分成四大领域，它们各有其对应的文献：《家庭经》

（*Grihya Sutra*，家庭仪轨规范）、《随闻经》（*Shrauta Sutra*，高等仪轨指导）、《绳法经》（*Shulva Sutra*，关于火坛和其他仪轨相关物的建筑规范，事实上为某种几何学）和《法经》（*Dharma Sutra*，雅利安人的行为准则，第一部法典）。祭祀的效果有赖于吠陀里的祷文（mantra）能否精准唱诵出来，而且祭祀的时间需要精确计算，因此专门知识如音声、格律、语法、度量和历法也随之产生。这批专门文献统称"吠陀支"（*Vedanga*），意即吠陀的"肢体"。

每一支祭司传统和流派皆在祭祀中发挥着独特功能，也都各自拥有一批本集、《梵书》《森林书》《奥义书》和经书。这批文献今日仍大量留存。古老印度科学的知识领域，悉数从吠陀时代的祭祀里诞生；吠陀时代终结后，它们才摆脱了旧吠陀祭司学派和祭祀，独立发展出属于自己的知识体系。

吠陀祭祀

孕育海量吠陀文献的祭祀仪式十分繁复，但其实可以化约为三步：献祭者祝圣、仪式盛宴和除圣。献祭者必须是一名已加入吠陀宗教的成年已婚雅利安人。献祭前，要预先准备一块神圣空间建置圣坛，点燃圣火。献祭者与祭司在神秘中合而为一，接受净化，进入神圣空间。真正的献祭源于招待雅利安宾客的盛宴。投入火中的祭品包括醍醐、牛奶、苏摩饮料、饭团或山羊肉、牛肉、马肉和绵羊肉。无形的众神或先祖则坐在附近铺设的神圣草席上，享用经火烹制的祭品。除圣有多项内容，包括沐浴、沉思忏悔祭仪中不经意的错误，以及支付祭司报酬。除圣是为了切断献祭者与祭司之间的联系，让献祭者重回世俗生活，不致招来祸患。

祭祀有两种，家庭祭仪（Grihya）与天启祭（Shrauta），它们都有对应的指导经籍。家庭祭仪比较简单，可能也较为原始，只需要一个圣火火坛，家主成婚时点燃，之后要守护圣火，使其长明。天启祭则需要三个火坛，还需要数名祭司。在家庭祭仪中，家主同时也是祭司，若有婆罗门列席，婆罗门也仅作为神祇的临时替身。

天启祭主要分为三类，每类连带一整套特殊仪式。首先是吠陀阴历相关的历法仪轨，包含新满月祭，四月祭（每四个月举行一次，春分、雨季和秋分），新尝祭，即两次生长季结束时供奉初果的仪式。其次是苏摩献祭，挤出令人迷醉的苏摩植物汁液，以水稀释，过滤后饮用。最后则是一系列专门为国王准备的仪式：位礼祭（Rajyasuya），建立其王权统治；力饮祭（Vajapeya），强化国王对臣下与敌人的统驭力量；与前者类似的马祭（Ashvamedha），则要求神圣公马经过的所有领地要么臣服献祭者，要么迎战。

天启祭对守护祭司传统的人来说是如此重要，以至于他们发明出难度极高、极难操作的仪式，例如需要1000年才能完成的祭仪，或者另一组需要从大象到蜜蜂等609种不同祭牲的祭仪，又或者需要10 800块砖砌成火坛的祭仪。祭祀超越盛宴的原始形式，成为宇宙准则。在早期的信仰里，人们认为是天空之父与地母相结合共同创造了世界，现在则认为是宇宙人［原人（Purusha）、生主或婆罗门］通过牺牲自己，向自我献祭，创造了世界。他肢离的身体变为现象世界的不同层面，其中，他的唇部、手臂、双腿和双脚分别诞生了婆罗门、刹帝利、吠舍、首陀罗的等级社会。至此，离《奥义书》哲学仅有一步之遥。《奥义书》中，所有现象都化约为单一的非人的原则暗含在宗教语言里：婆罗门的一元论教义中衍生万物的绝对（Absolute）。

家庭与先祖

天启祭的仪式日益繁复，祭祀理论日益精密，印度哲学由此肇端；家庭祭仪则较为原始保守，让我们得以一窥雅利安家庭的组织结构。雅利安家庭的组织结构自原始印欧时代以来，未曾有过巨大的转变。关于家庭概念的遗绪源远流长，我们将在第六章进一步详述这一重要主题。

雅利安家庭世代同堂，家主、未婚女儿、儿孙及儿孙媳。家庭就像企业一样，财产共有，家主既是董事长也是执行长。只有家主才有资格举行献祭；家主去世或退休前，其他人都是法律和宗教上的未成年者。家主去世或退休后，家中财产将分配给所有在世子嗣。

在妻子的协助下，家主向家炉圣火献祭，祈求全家平安。每日进行的五大祭，分别祭创造者婆罗门、众父祖（祖先）、众神、众生与人类。祭祀中唱颂吠陀、献祭食物和水、焚烧祭品、播撒谷粮，并招待一名雅利安宾客，最好是有学识的婆罗门祭司。家庭仪轨特别注重供奉已逝父系先祖。"众父祖"虽已辞世，却仍是重要的家庭成员，他们仰赖家庭供奉，并赐福给子孙。这类仪轨被称为"祖灵祭"（shraddha），每月举行一次，核心仪式包括向家主的父亲、祖父和曾祖父献祭饭团（pinda），再向古远的先祖供奉祭品。亡者绝对仰赖家庭供奉，通过子嗣延续传承，以确保其在他世的福祉。生者则需要父祖赐予其健康的体魄和强大的生育能力。

祖灵祭是一系列生命仪礼的目的。生命仪礼始于出生仪式，接着举行入法礼进入宗教生活与婚姻，结束于火化葬礼，敦促亡灵进入父祖的世界。在此系列中，入法礼仪式特别重要，它标志着雅利安男孩婴儿期结束，做好了学习宗教知识的准备。入法礼仪式被视为第二次出生，象征着灵魂和精神的诞生。入法礼只有婆罗门、刹帝利和吠舍可以参加，因此他们被称为"再生族"（Twice-Born）。相对于此，一生族首陀罗没有资格学习吠陀知

第三章　吠陀时代

识（见第六章），婆罗门、刹帝利、吠舍和首陀罗构成了吠陀社会的四种种姓（瓦尔那）。

婚姻也尤其重要，它是持续祭祀先祖的关键，确保家族后继有人，但同时也充满危险。一名雅利安人不得迎娶近亲"撒宾达"(sapinda)关系内的女孩，意即向男方家族数名父系祖先之一供奉饭团的女方。也就是说，新娘不得为男方近亲。另一方面，她还需要出身于良好的雅利安家族，熟悉正统宗教祭仪，以便协助男主举行宗教仪式，生育合法的子嗣。最后，准新娘在被确认出身良好后，必须通过婚礼仪式，在宗教上脱离原生家庭及其祖先崇拜，通过入法仪式加入新郎的家族和祖先崇拜。因此，对女孩来说，婚姻即为进入宗教生活的入法礼，死后则接受供奉亡夫的祭礼。对男孩来说，婚姻是成年礼，象征着人生走向完整，因为只有已婚男子有资格成为家主和献祭者，祭仪需有妻子从旁协助，若妻子先于丈夫去世，丈夫须退下家主之位。婚姻具有三重意义：首先，女儿是一个家族赠予另一家族不可收回的赠礼；其次，婚姻是新娘的入法礼，是进入新郎家族的仪轨；最后，婚姻是为了完成宗教责任的圣礼，因此不能离婚。

家主去世后，长子主事，儿子们可以继续住在同一屋檐下，但在某个时间点，长子会尽可能平均地分配家产，每个儿子会成为各自家庭的家主，有责任向父祖进行献祭。女儿则会嫁入别户

（若一直不婚，将由其兄弟负担生活费），不能向自己的父系献祭，因此没有资格继承土地。她们的嫁妆通常是餐具或珠宝等非不动产，而非土地。为确保父祖祭祀绵延不断，无子嗣的男子可有几种方式获得合法继承人：若他有女儿，可由女儿生育子嗣，该名子嗣则不能成为其生父的继承人；若他没有女儿，弟弟可与寡嫂同居，生育继承人；或在类似婚姻的仪式下，意即包含赠予、入法及圣礼的仪式下，收养一名继承人。由于养子要向养父献祭饭团，所以他必须来自正统家族（因此，孤儿是无法被收养的，因为很难确认其血缘关系），与此同时，养子的生父必须拥有其他子嗣来担任继承人，养子也必须在圣礼中作为不可收回的礼物，交由养父抚养。

部落及其组织

吠陀部落是前述父系数代同堂的集合，各部落分别祭祀自己的远祖，通过姻亲、共同的文化和团结一致抗敌，组成了松散的联盟。至少在婆罗门祭司家族中，有称为"戈特罗"（gotra）的父系分支，每支家系传自同一群贤者（rishi），在他们的观念里，贤者最早由天启"听闻"了吠陀诗歌，之后传递给凡人。同一世系的婆罗门结合为一支戈特罗，最初，同支戈特罗的婆罗门有自己的发型、服饰和仪式。不同支的戈特罗通过婚姻与另一支联系在一起。

第三章 吠陀时代

不是所有的雅利安人都生而平等。原人的身体变成了四个瓦尔那：原人的嘴生出专掌宗教语言的婆罗门祭司；手臂生出负责征战的刹帝利；双腿生出从事放牧、农耕与商业的吠舍，吠舍是社会的经济支柱；双脚生出为前三者服务的首陀罗。

吠陀部落内部绝非平等，而是依职能分为相互依赖的四个等级。政治权力握在刹帝利手中，在某些部落，权力分散在各个伟大武士族系的族长之手，只有在战时才会短暂集中到酋长（rajan）手上。其他部落中，世袭酋长逐步将政治权力收拢到一个武士族系手中，在德里地区的俱卢与般阇罗部落这种现象特别典型。这类部落确实可称为王国，但本质上仍是部落，部落一开始占据的地盘并非一片早已划分好的领地，他们只是恰好占领了某片土地，酋长的权威遍及该部落及其成员。王权的神圣化是通过臣服于拥有更高权威的祭司完成的，远算不上专制。虽然婆罗门也是王的臣民，但他们同时也是王权的来源。俱卢与般阇罗部落之所以被后世视为王权典范，不单是因为他们在部落国家中成功地强化了王权，更因为其为婆罗门祭司和吠陀祭祀提供经费支持。

吠陀时代是英雄的时代，战争是战车武士和随从的特权与主要职业，马革裹尸、英勇而战、对降者仁慈、与所有人慷慨地分享战利品，拥有王者风范，这些是他们追寻的理想。虽然战争连绵不断，但雅利安社会的特点限制了战争的发展规模。

雅利安部落并未团结起来对抗异族，因为缺乏团结的政治基础；事实上，雅利安部落经常彼此争斗，争斗的次数与对抗异族的次数相近，然而，这些仍是小规模战争，战争的目标也主要局限于可移动财产（牛群、黄金和女人），偶尔也包括领地。王国是由部落组成的，因而它吸收外来人口的能力也十分有限。一方面，关于收养的法律十分严格。一些组织相对简单的社会，经常将俘虏吸收进政治实体里，而在雅利安社会这一通道被排除在法律之外。另一方面，由于王国的部落性质，被征服人群无法与政治权威建立直接联系，个别只能通过充当家务奴隶或某位男主的仆役（首陀罗）的方式被整合进部落，此时整合大量敌人的通道尚未建立。因此，部落国家很少致力于征服、统治相邻部落；大型国家的形成，除通过相关部落结盟外，尚需等到新的治国之术出现之后。

伴随着战争、奴役与扈从关系的发展，印度-雅利安语与吠陀文化在北印度逐渐传播开来，非雅利安原居民的语言和宗教走向衰落。吠陀时代早期，奴隶一词同时也指"蛮族"，跟在原居民族的族名之后。仆役阶级的名称（首陀罗）应该也来自非雅利安部落之名。然而，这种转变其实是自然而然发生的。有证据显示，非雅利安部落国王有时与雅利安部落国王组成联盟；非雅利安部落国王也向雅利安国王寻求婆罗门为吠陀王室做祭祀时所赋予的超自然力量的恩惠。当吠陀时代接近尾声时，吠陀文明几乎传遍北印度，影响程度虽不深，但吠陀国王统治下的人民以及与其结盟的部落都打上了吠陀文明的印记。

史诗：《摩诃婆罗多》与《罗摩衍那》

吠陀文献本身并非大众文学，而是宗教人士写给非宗教人士的作品。在整个吠陀时代，吟游诗人当众称颂军士战绩、歌颂国王功绩的演出备受欢迎。这些诗人曾在战役中担任战车手（suta），传颂着亲眼所见的伟大武士的英勇事迹。此外还有旅行说书人和歌者（kushilava），将故事从一个村庄传向另一个村庄。这些口头文学很受人们的欢迎，为日后向世界描绘吠陀时代景象的史诗奠定了基础。口头文学本质上是讲述武士（刹帝利）生活的文学，经吟游诗人复述，最终以梵语史诗的形式得以重塑。

其中两部史诗巨著分别是：约10万颂组成的《摩诃婆罗多》(Mahabharata)和拥有2万颂的《罗摩衍那》(Ramayana)。它们都与恒河流域的王国有关，前者讲的是位于恒河上游象城（Hastinapura）的婆罗多族，后者讲的是恒河中游地区阿逾陀城（Ayodhya）的罗摩王（King Rama）。长篇巨作《摩诃婆罗多》虽然署名毗耶娑（Vyasa）著，但明显历经数代扩增，人们将许多训示的宗教篇章加入国王与武士的对话里，使得原来的英雄故事转变成许多事物的综合。《罗摩衍那》的作者是蚁垤（Valmiki），行文风格较统一。我们如今看到的并不是两部作品最初成形的样子，可能直至古典时期，两部史诗才形成今日我们熟悉的形式。它们叙述的是一种理想化状态，并非历史。吠陀后期，雅利安人开始在恒河谷地的上中游地区建立聚落，而这两部史诗则代表着这一时期传颂国王和武士丰功伟绩的文学传统走到了高峰。

《摩诃婆罗多》讲述了婆罗多家系两支堂兄弟族——般度族（Pandava）与俱卢族（Kaurava）之间激烈的王位继承战。故事围绕双方及其盟友之间进行的18天大战展开叙述。《罗摩衍那》叙述的则是一位完美的罗摩王子。由于父亲对其中一个王后许下的一个承诺，罗摩被父亲放逐到中印度森林里。之后罗摩的妻子悉达（Sita）被魔王罗波那（Ravana）劫掠，罗摩大败罗波那军，并返回阿逾陀登基为王。两部史诗栩栩如生地描述了印度王室和王权的故事，含有浓厚的印度教虔爱色彩。

这两部史诗在印度本土与外域的影响怎么强调都不为过。事实上，这两部史诗（或其部分篇章）在每一种印度语言里都被一再诠释。印度王权扩展到哪里，两部史诗也就普及到哪里，尤其是东南亚的印度化王国。史诗被改编为舞蹈、皮影戏、雕塑和绘画，持续活跃在印度与东南亚地区。例如，这两部史诗改编成的电视剧，每周在印度播放，收视率极高，也许是当时全世界收视率最高的电视剧。

第四章
新宗教、新帝国

遁世思想
摩揭陀的崛起
孔雀王朝

第四章 新宗教、新帝国

吠陀文明从恒河流域上游逐渐向恒河流域东部扩散，离源头越远，吠陀文明的影响力越逐渐被稀释弱化。公元前6世纪在恒河中游流域兴起的政治与宗教，在接触吠陀文明后，朝着全新的方向加速发展开来。

《森林书》与《奥义书》等吠陀后期文献里的祭祀理论，从仪式走向了哲学的开端，文献的背景并未设置在俱卢-般阇罗王国，而是在东部的憍萨罗（Kosala）、迦尸（Kashi）与毗提诃（Videha）等恒河中游王国。这些新兴富裕国家的国王，争相从更有声望的恒河上游国度延揽婆罗门哲学家来宫廷进行哲学辩论，获胜者可以获得高额的奖赏。我们要说的第四个恒河中游国家是摩揭陀（Magadha），它是婆罗门化程度最低的国家，后来崛起成为恒河中游最强大的国家，将中游其他国家纳入不断扩大的版图中。俱卢和般阇罗的婆罗门蔑视摩揭陀王国，对它没有一丝好感，例如，《阿闼婆吠陀》里驱除灾病的咒语，讲到了希望热病可以被驱赶到摩揭陀及其东部邻国鸯伽（Anga）等不被婆罗门青睐的地方。

虽然恒河流域东部的一些族群渴望在吠陀后期文献里寻求吠陀文明，但另一些族群转而在自身内部发展出全新的不同于吠陀经典的宗教，即耆那教、佛教和邪命外道（Ajivikism）。这不仅仅说明发展出新宗教的东部族群与"中间国家"相距遥远，受到了雅利安人以外的其他族群的影响，更反映出吠陀文明本身正遭遇危机，它已不再适应于东部新兴的社会形态和国家形态。

我们虽然对危机波及的范围和影响仅有一些线索性了解，但根据这些线索我们了解到俱卢-般阇罗王国在危机的影响下走向了衰落，古老的王朝从此销声匿迹，在《奥义书》的成书年代，这些就仅仅是当时人的一个记忆了。东部出现的新兴王权挑战着部落国家的凝聚力与武士精英的政治权力。新兴王权着眼于建立更加依赖国王的职业军队，集中精力获取富饶的领地和缴纳贡税的温顺农民，而非像从前那样去争夺战利品或扩大地盘。新兴王权也将不同部落领地整合在一起组成跨部落的国家，并维持不同部落族群间的和平。

跨部落国家人口的多样性向政治家提出了全新的问题，但同时也为国王集权提供了新的支持。新征服的族群不再束缚于个别武士之手，而是通过作物课税与王权建立了直接联系，他们缴纳的大笔贡赋供养着职业军队。在这些不同的族群中，虽然习惯法

第四章 新宗教、新帝国

仍旧规范着人们的言行，但族群之间已不再是过去的全面的荫蔽关系，而是处于国王的监督管理之下，案例由国王进行裁决。大量契约和刑法条文与新的治国文献同时产生，它们是治理国家必不可少的要素。

这种新的治国方式冷静无情地计算并追逐着利益，逐渐以强力吞并了吠陀时代的部落国家，这是势所必然。新兴国家的本质是尽可能地向外扩张，其治理原则能够让其驾驭强力。旧的英雄典范已然不见踪迹。早期时代的社会是宇宙秩序的延伸，既是自然的，也是神圣的；道德生活从未偏离古老的习俗。而吠陀后期，社会秩序分崩离析，人们发现自己孑然一身。他们开始以新的眼光理解世界，有些人哀叹人生的孤绝，如同《奥义书》里一位国王所言："往昔贤王豪杰，已扬弃光荣，遁身来世……海洋干涸，山峰崩毁，斗枢颠踬，群星乱轨，地球塌陷，众神去位……混沌之中，吾如枯井之蛙。"其他人则视社会为人造物，而非神圣秩序之一环，因此扬弃家主的责任，通过静默与冥想寻求解脱。

然而，在认同对社会的崭新看法的人们中间，有一些人采取了截然不同的应对之举。若社会的本质为人造，那么其应当可为人类重新塑造与掌控。持这一观点的人成为新的政治家，即国王的谋士。有趣的是，他们通常是婆罗门出身。吠陀国王仅仅是刹帝利贵族中较有权势者，需依赖婆罗门首席祭司（purohita）的超自然力量助力。新兴政治家的突出代表是既非祭司也非武士的婆罗门，他们的声望更多源自其敏锐的政治嗅觉，而非其虔敬的宗教信仰、渊博的宗教学识和杰出的道德感。

遁世思想

吠陀时代的献祭者相信，仪式将护佑其此生健康长寿、子嗣绵延，并护佑其拥有来世。他希望死后能够永居于阎摩统治的父祖世界，接受后代虔诚的供奉。然而，祭祀在人们观念中的意义，很快由人与神、人与父祖之间朴素的互动，转变为思索宇宙起源的原理。在这样的观念演化过程中，人们逐渐相信来世必将再次承受死亡的苦果，这一信念潜移默化发展出了轮回（samsara）原则，即从出生、死亡到再死亡、重生的轮转永不停歇，在这一过程里，身体主宰着灵魂。与此紧密相关的道德因果论则宣称业（karma）导致了轮回，一个人的道德价值观决定着此人来世是转生为婆罗门或神祇等高等生命，还是动物或植物等低等生命。新兴宇宙观大量充盈着广阔的时间循环，这一观念有可能受到了从美索不达米亚传来的天文历法知识的影响。

这些学说共同构建了一个道德的、客观的和严苛正义的宇宙，它无所不包，涵盖甚广。在这个宇宙里，美德总会得到回报，而邪恶终将受到惩罚，哪怕此世没有报应，来世也会得到报应。众生皆服从于这个严苛的法则，即便是众神也无法逃脱死亡和业报。转世和因果报应的学说，削弱了宗教思想中神祇与祭祀的重要性，后者虽在宗教思想中备受推崇与赞美，但仅能给人短暂的解脱和安慰。这些学说指向了新的解脱观念：从无限循环的转世轮盘之中永久地解脱出来（moksha/nirvana）。过去黄金时代的吠陀信仰，此时被提炼为世界需要经历的四个循环时代（yuga）。在黄金时代，宗教知识已经圆满，人类生而长寿，具备美德，这是古代世界普遍持有的时间观。四个循环时代以吠陀骰子游戏掷出的点数命名：首先是圆满时（Krita，掷出胜利点数四点）、三分时（Treta，三点）、二分时（Dvapara，二点）与争斗时（Kali，掷出失败点数一点）。在四个时代中，法（dharma，宗教、德性）在圆满时代最为纯净完美，之后每一代递减四分之一；人的寿命也在逐代递减，而为生存展开的斗争一代比一代残酷。我们不幸生于当今这个争斗时代，在此代走向尾声时，世界将被摧毁、重建，在新的黄金时代轮回重新开始，轮转不懈。

重生、因果报应、解脱和四时代学说，成为古代印度所有后续哲学发展的主轴。我们可以在《森林书》和《奥义书》中找到这些学说的雏形，还能看到众多思想与之相互竞争。吠陀文献记录的这些蓬勃发展的新思想，虽然无法单独成为一门哲学，但后世哲学流派拣选其中的部分思想，从而对哲学思想做出了永恒的贡献；这些思想以"圣句"（maha-vakya）的形式表达出来，总结了祭祀理论最深层的真理，呈现出鲜明的一元论倾向，即在多元世界的底层，存在着唯一的、去人格化的原则（与一神论不同，后者认为存在唯一的人格神）。这些圣句，如"我即是梵（brahman）"与"你就是梵"，意味着个人灵魂与去人格化的世界灵魂（梵，勿与吠陀经典中的造物神梵天或婆罗门种姓相混淆）是联系在一起的。梵是绝对的、中性的，因此是去人格化的，而"非此，非彼"则表示梵不是任何的感官客体。吠陀经典里的祷文含有的知识，一度仅是赐予雅利安人的最高祝福，严禁低俗污秽者听闻，在这时则成为个人灵魂与梵合二为一的神秘知识，整合了个人灵魂与梵，一个人凭此有望脱离轮回，获得解脱。这股新知识具有重要意义，它将实际的祭祀行为抛诸脑后，专注于祭祀的内涵而非外在的仪式。渐渐地，祭祀理论放弃了仪式表演，转向了沉思和遁世的苦行。

遁世者（出家人）

印度的苦行主义起源至少可远溯至《梨俱吠陀》时代。在《梨俱吠陀》里，静默的智者留着长发，或赤身裸体，或身着橘袍，四处游走，他们被称为牟尼（muni）。公元前6世纪的东方王国有一大群遁世者。有的遁世者弃绝社会关系，在森林中过着隐居的独身生活，以采集果实维生；有的四处游荡乞讨或四处讲学；有的苦修，夏天卧于火堆间，冬天身着湿衣裳；还有的沉浸于冥想。

研读《森林书》和《奥义书》的婆罗门哲学家与刹帝利哲学

家依旧虔信吠陀经典里的知识，但这些沙门（shramana）或遁世者则彻底敌视吠陀经典。在吠陀时代，生育子嗣以延续祖先祭祀是人的义务，而遁世者信奉为摆脱轮回而终生独身的新理想，两种观念背道而驰，冲突在所难免。如后世箴言所述，婆罗门与沙门，就像蛇与獴，天然为敌。

轮回与解脱这对难题此时已然是公认的术语，新学说（术语学说学派）正是用这样的术语表达的。许许多多的遁世者提出了数十种跳出轮回、达到解脱的方法，它们彼此相互竞争。对于未能在竞争中胜出的哲学，我们所知甚少，然而有三种哲学得到了历史的青睐：邪命外道、耆那教与佛教。邪命外道存活了近2000年，最后一次听说它，是在1400年左右的南印度。耆那教传播到整个印度，远至斯里兰卡，今日仅限于印度西海岸的古吉拉特邦与南部的卡纳塔克邦。佛教虽然几乎在印度次大陆消失（两侧山区还有佛教），但是传播到了阿富汗、中亚、东亚、斯里兰卡和东南亚。

三大遁世宗教针对轮回问题，提供了不同的解答。对邪命外道者来说，未知的命运（niyati）引领着灵魂由此世去往来世，而命运却远非人力所能影响。耆那教相信众生的灵魂十分多样，是无法简化的，其本质是纯净的，却被物质所遮盖、为物质所累。无论多么高尚的行为，都永远被物质奴役，因为灵魂会被新的物质所奴役；但与此同时，过往所造之业的影响也在减弱，此前累积的物质包袱也会逐渐摆脱。因此，解决之道就是完全停止行动。

不杀生（ahimsa）原则也许源自耆那教，之后影响了佛教和印度教，素食主义和动物生命神圣不可侵犯的理念也受到该原则的影响。精神修炼最为精进的耆那教僧侣，采行最激进的遁世形式，自发绝食，以摒弃行动。另一方面，佛教则教导我们，将我们束缚于轮回之轮的并非命运或行为自身，而是欲（trishna，"渴爱"），欲念驱动着人行动。若能扬弃欲望，则自身的行动将使人摆脱无尽的轮回。佛教的中庸解决之道，介于耆那教自我毁灭的遁世思想与世俗中人自我放纵的两极之间。邪命外道的信徒也许过着世俗的放纵生活，他们因纵欲而为世人所知，但这也许并不属实。

  三大宗教的创始人是同时代的人，公元前6世纪，他们在恒河中游的憍萨罗、迦尸、毗提诃、摩揭陀与鸯伽王国讲学，这里诞生了最早一批皈依者。我们对于邪命外道导师末伽梨·瞿舍罗（Maskarin Goshala）所知甚少。我们知道耆那教导师大雄（Vardhamana the Mahavira，筏驮摩那·摩诃毗罗）是毗提诃的王侯；佛陀释迦牟尼（觉悟的人）也是王子出身，生于位于尼泊尔山麓的释迦族（Shakya），释迦族当时处于憍萨罗王国的控制之下。这些导师在婆罗门化程度最浅的东方王国迅速取得了成功，阻碍了吠陀宗教的传播。在贸易和征服的配合下，这一新型的印度文明传到了印度次大陆以外的地区。我们从富商须达多（Anathapindaka）的一则故事里可以一窥贸易与钱币的重要性。须达多想要向祇陀太子（Jeta）购买一块地致赠佛陀僧团。祇陀太子不想售地，因此开出了天价：将土地覆满钱币。须达多满足了这个要求。这个故事被刻在巴尔胡特佛塔（Barhut Stupa）上，我们看到仆人从二轮牛车上卸下当时通行的方形钱币，地上撒满了钱币。

摩揭陀的崛起

公元前5世纪初，北印度最强大的国家是憍萨罗，占据恒河与亚穆纳河汇流的区域。波斯匿王（Prasenajit）兼并迦尸国，并将北部边界的数个部落国家纳入势力范围，其中包括释迦族。在东部，恒河北岸是毗提诃国，这时由部落联盟统治，弗栗恃（Vrijji，又译跋阇国）和离车（Licchavi）是其中最有实力的部落。这些部落没有王，政治权力分散在武士贵族手中，大雄即出身武士贵族。恒河南岸则是摩揭陀，其东部的鸯伽也在其势力范围内。此时的摩揭陀实力尚不如憍萨罗与毗提诃，但它终将兼并它们，将权力扩张至整个印度。

摩揭陀如何崛起的历史尚不明确，只知道摩揭陀的阿阇世王（Ajatashatru）生来极有野心，残酷无情。弑父篡位后，他向憍萨罗与毗提诃发动长期战争，最终征服了它们。传说阿阇世王的一名大臣向这位新主献策，以分裂毗提诃部落联盟：这位大臣假装与国王翻脸，逃到了弗栗恃族并受到族人的庇护，然而，他却在部落之间传播谣言，让他们相互猜忌，制造分裂。这样的传说多少还是有史实内核的。

摩揭陀夺取了毗提诃，控制了恒河水道，不久将都城由内陆的防御工事王舍城（Rajagriha），迁到了恒河边的华氏城（Pataliputra，今印度巴特那）。阿阇世王早先在此建筑防御工事，抵御毗提诃的进攻，如今这里成为指挥帝国向外扩张的中心，是河道贸易的商业中心。摩揭陀迅速吞并了恒河流域的国家，而带领摩揭陀征服诸国的统治者们，在古代文献中是务实的政治家，他们大肆扩张领土，攫取财富，但他们来自何方一直是个谜。

这一时期产生了后世流行的三种观念，即扩张领土的四种手段（four means）、建立国界（circle of states）、军队四编制（four-limbed army）。前两种观念适合想要在野心勃勃的王国之间争霸领土的国王去实践，稍后将于第六章进行讨论。军队四编制指的是军队应如同四足兽一般，拥有四肢，即步兵、骑兵、战车与战象。此时的军队是一支统一的军事力量，不同的分支发挥不同的作用，已不再是吠陀时代一支支服役于大武士的私人军队的集合。印度人发明的国际象棋游戏雏形"恰图兰卡"（chaturanga）的名字，即源自当时军队编制的名称，恰图兰卡里有国王和大臣（类似现代国际象棋中的女王）。以上就是这个时期产生的新的治国之道，以及应运而生的新政治家——王室大臣。

到公元前326年，难陀王朝（Nanda dynasty）统治着从北印度大部分地区直到印度河流域东部的摩揭陀王国。同年，马其顿王国的亚历山大废黜了波斯国王并取而代之，亲率军队先后翻过兴都库什山、跨过印度河，进入塔克西拉（Taxila）。按照吠陀时代招待贵客的传统，当地国王用300头公牛盛宴款待了亚历山大的人马。塔克西拉自古就是学习吠陀知识的中心，东方的婆罗门与王子们纷纷来此求学；这里也是国际贸易枢纽，更是战略要冲。比起权力更加集中的难陀王朝与后来的孔雀帝国，印度西北部的国家有着更多的吠陀部落国家的影子。在旁遮普地区与亚历山大军队交战的国家中，只有一些是君主国，其余都是部落制共和国，大象、马匹与武器是这些国家交战时最关键的资源，但这些掌握在武士精英手中，而摩揭陀王国的战争资源则被王室垄断。

亚历山大与波鲁斯王的象军进行了激战，虽然亚历山大军队赢得了胜利，但人员伤亡惨重，军队士气疲振不堪。亚历山大率军抵达旁遮普东部的比亚斯河畔时收到情报，情报称对岸的国家集齐了更多的战象备战，疲惫不堪的亚历山大军队因此拒绝前进。军中的骚动迫使亚历山大撤军。他沿着印度河穿过了莫克兰沙漠，前往美索不达米亚，于公元前324年在巴比伦病逝，旋即，他征服印度的战果烟消云散。

孔雀王朝

亚历山大死后不久，约公元前321年，旃陀罗笈多·孔雀

（Chandragupta Maurya）冒险从难陀王朝末代国王手中夺取了政权。有关他的身世众说纷纭。亚历山大从印度撤军后英年早逝，他一手创建的帝国在继业者的争夺下四分五裂，旁遮普陷入了政治真空，孔雀王朝乘虚而入，占据此地。亚历山大征服东部的成果成功落入了塞琉古帝国之手，而后摩揭陀的版图迅速扩张到了塞琉古边境。塞琉古与摩揭陀一直维持着友好关系。公元前312年，攻下巴比伦后不久，塞琉古将大片土地——主要是今阿富汗——给了旃陀罗笈多，交换了印度500头大象。孔雀王朝似乎连续数十年不断向塞琉古王国供应战象，我们已知一个世纪后，孔雀王朝还向安条克三世（Antiochus III）供应了战象；此后，战象成为这一时期希腊化王国急切渴求之物，如托勒密王朝统治的埃及因为塞琉古夹在印度与埃及之间，隔断了战象交易，因此开始捕捉、驯化北非大象。塞琉古王朝和托勒密王朝均遣大使前往旃陀罗笈多和继承人宾头娑罗（Bindusara）治下的华氏城。塞琉古大使麦加斯梯尼（Megasthenes）留下了有关旃陀罗笈多治下印度的大量残篇。麦加斯梯尼对捕捉和训练大象饶有兴致，在将大象运送到希腊化世界并将驯象技术传播过去期间，麦加斯梯尼的使团发挥着十分重要的作用。

麦加斯梯尼在《印度记》（Indika）里描绘了印度社会。在印度，平民都是非武装农民，他们温顺地耕种土地，不受附近军队冲突所扰。马匹、大象与武器都是王室专属，不使用的时候必

第四章 新宗教、新帝国

须归还王室保管。职业军人数量庞大仅次于农民，拥有私人侍役，和平时期过着闲散的生活。吠陀时期拥有土地的武士精英已不复存在；这时取而代之的则是脱离了土地的雇佣军和无须服兵役的农民。麦加斯梯尼列出了印度庞大的官僚体系，他观察到，印度社会的职业在种姓制度下也是世袭的，并描述了其中的七种职业。他笔下的印度美好而充满希望，他赞美印度人的节俭，强调他们并未蓄奴，此种说法确实有误。窃盗不常见，刑罚轻微。他在书里复述了克特西亚斯在公元前5世纪撰写的《印度史》里有关奇异种族的故事。例如，某个种族的耳朵如毯子一般大，入睡时可以用来包裹身体；还有靠着吸收烹煮食物的气味维持生命的无嘴族，他们也会因军营散发出的臭气生病。这些故事使古希腊和中古欧洲人对印度留下了极深的刻板印象，直到地理大发现，欧洲人才真正与印度有了直接交往。

在第三任国王阿育王的治下（前268—前231年在位），孔雀帝国的疆域达到最大，除最南端和西面割让给塞琉古的领土外，印度次大陆的其他地区都在其疆域内。阿育王在位的第八年，亲自率军将羯陵伽（Kalinga）纳入版图。阿育王给我们留下了有关他丰功伟绩的记录，他在岩壁和石柱上刻下对人民宣读的诏书，从中我们可以详细了解他的统治。孔雀帝国被划分为至少四个省，除了首都华氏城周围的地区可能由皇帝直接管辖外，大部分都是由王室选派的总督进行管理。尽管丘陵和丛林中的部落仍然在孔雀帝国的势力范围之外，但帝国的壮盛军容无可匹敌。一个庞大的官僚机构管理着土地收入并裁决纠纷。这就是新的国家制度的化身。

正如摩揭陀早先的国王们，孔雀帝国王室也偏爱非婆罗门的遁世宗教。旃陀罗笈多在耆那教中享有护持盛名，有两位孔雀王朝的帝王是邪命外道的支持者，阿育王本人则是佛教徒。羯陵伽战役对无辜平民造成的伤害，引发了阿育王生命中的精神危机，也让他放弃了残忍的统治政策，即使这一政策为版图的扩张带来了巨大成功。阿育王转而像家长一样引导子民在此生与他世获得福祉。

这一崭新政策被阿育王称为自身之正法（*dharma*），记录在帝国各处的石刻铭文中，铭文多数用当时北印度的俗语所写，但印度河流域及其以外地区的少量铭文，使用的是希腊文和阿拉米文（Aramaic），这是当时旧波斯帝国的官方文字之一。阿育王时期的铭文告诉我们，他此后放弃了兼并战争，敦促后代子孙效法，直到世界轮回终结。相应地，他也试图让邻国皈依佛法，并宣称在遣送大使造访希腊化诸王时，完成宣扬佛法的大业。在现实层面，阿育王的正法包含沿着官道种植庇荫之树，开挖水井，提供休憩场所，种植药草植物。他不仅在帝国境内推广，还在南印度、锡兰与希腊化诸国邻邦推广。他推动建立保护动物生命的制度，在某些地点禁止奉献动物祭祀，并保护某些物种免受屠戮。在个人层面，除了两只孔雀与一只鹿外，他禁止皇家厨房杀生，原本

第四章 新宗教、新帝国

这里每日有多达数万只动物被宰杀；他还进一步承诺最终将把孔雀与鹿也排除在皇家菜单之外。姑且不论其承诺范围是有限的，阿育王确实在平民之中推广了素食。在社会关系层面，阿育王的正法包含尊重婆罗门、沙门、父母、朋友与较低阶层者，同时终结派系之间的斗争。他明言自己喜爱说服胜过强迫，但他仍保留了军队，警告骄傲的森林部落不要轻举妄动。

自瞿舍罗、大雄和佛陀的时代以来，遁世宗教通过让社会按自己的意志发展，从而促进了王权的成长。他们认为人类意志可以操控社会，这种对社会的理解奠定了比吠陀时代更强大的、全新的政治制度进一步发展的基础。阿育王既是强大的君主，也是佛教徒，他再次将国家导向超越的客体，试图将遁世宗教的信条落实在政策中。不杀生的信条虽然源于遁世者回避因果业报的行为，这时却成为慈悲的行动准则，一度成为人类历史上引领政治生活的精神力量。这是重大的历史时刻，一位伟大的君主尽可能将非暴力作为国家治理的核心原则。非暴力与国家权力能否得以并行，仍有疑问，因为要确保内部和谐，免受外来侵略，需要国家垄断权力并运用权力。阿育王试着将非暴力原则同时运用于对内统治和对外关系的处理上，但仍是有限度地运用。他的统治生动地揭示了国家暴力的本质，还说明，即使能用非暴力主义将之缓和，作用也是有限的。

第五章
古典印度时期

古典印度文明形成期（前187—公元320年）
古典时期（320—600年）
古典印度文明后期（600—1000年）

第五章　古典印度时期

古典时期的王权、艺术与宗教，产生于孔雀帝国衰亡之后、笈多王朝建立之前，在笈多帝国（Gupta Empire）时期成形并发展到顶峰。它们之所以被称为古典，在于历代一直沿用其创立的经典范式。奇怪的是，上述典范产生的时期并不是大一统帝国时期，而是一个外族入侵、小国争雄的时期，直至笈多王朝时期大帝国才得以重建，但帝国的版图轮廓迥异于孔雀帝国的版图。笈多帝国崩毁后，这里产生了长期由王朝稳定统治的区域性大王国。

古典印度文明形成期（前187—公元320年）

后孔雀帝国时期，北印度的政治与宗教生活转向了不同的方向。在政治上，诸国不再能像孔雀帝国一样建立高度的中央集权制度和官僚体系；相对地，较宽松、非直接的领主关系时不时串联起这些区域性帝国。吠陀婆罗门教获得复兴，融入更为大众的、形式更加虔诚的新宗教,即我们所称的印度教。以僧团为主的佛教与此同时也在演变,发展出了大乘佛教(Mahayana)。印度文明的古典形式正在形成。

颇为讽刺的是,古典印度文明形成之时,正是游牧民族入侵印度西北部之时,正是南方土著王国兴起之时,还是公元1世纪罗马与印度开展奢侈品贸易之时。印度文明的内涵远远超出了吠陀文明的范围,扩散到了印度次大陆各个角落,并将它的各种宗教传播到了中亚、中国与东南亚。

巽伽人与印度-希腊人

孔雀帝国最伟大的统治者阿育王去世后,帝国仅仅延续了50年。公元前187年,孔雀王朝一名出身婆罗门的将军普士亚密多罗·巽伽(Pushyamitra Shunga)通过军事政变夺取政权。巽伽王朝延续了100年,统治范围远不如阿育王时期的广大,主要集中在恒河中游谷地与中印度部分地区。巽伽王朝的政治组织也算不上中央集权。巽伽王朝在军事上统领着许多地方统治者,其中某些地方统治者似乎也发行自己的钱币。

普士亚密多罗恢复了吠陀马祭,甚至举行了两次。后世佛教典籍里有诸多对普士亚密多罗的不满,谴责他大肆毁坏佛教建筑,阿育王建了多少,他就毁灭多少,因为他相信无论是名垂青史还是遗臭万年,都能声名远播。他受到佛教徒的攻击,其实这很冤枉，我们知道，佛教仍旧受到巽伽王朝与诸侯的庇护。不过，此时王室确实开始偏爱婆罗门教。巽伽国王不只恢复了吠陀王室祭仪，还为祭祀印度教神祇毗湿奴提供经费支持，抬高毗湿奴的地位。最终，婆罗门教让自己适应了虔诚的、一神论的印度教，获得了更广泛的信众。

公元前250年，塞琉古王国的巴克特里亚*行省（位于今阿富汗）总督狄奥多德（Diodotus），反叛塞琉古统治。希腊-巴克特里亚王国远离塞琉古权力中心（叙利亚、巴勒斯坦、小亚细亚与美索不达米亚），加之数年后北方帕提亚的游牧民族入侵，希腊-巴克特里亚王国获得了民众的支持，得以独立。公元前187年，约与普士亚密多罗政变终结孔雀王朝统治在同一年，安条克三世去世，塞琉古王国的势力一落千丈。在国王德米特里一世的带领下，巴克特里亚的希腊人入侵印度，根据印度的传说，德米特里一度兵临华氏城下，之后因为欧克拉提德（Eucratides）将军在巴克特里亚发动叛乱，德米特里才撤军到旁遮普。无论如何，公元前2世纪中叶，德米特里的王国一分为二，东印度-希腊王国在国王米南德（Menander）带领下占据旁遮普，西印度-希腊王国则拥有巴克特里亚与喀布尔（Kabul）谷地。伊朗遭到游牧民族的进一步入侵，西王国被迫向旁遮普移动，占据了东王国领

---

* 中国史籍称其为大夏。——编者注。

土，后者只能据守东部领土边界。最终，这批游牧入侵者也进入了印度。两个自始至终相互敌对的印度-希腊王国，最终降于游牧民族之手：西王国约于公元前90年投降，东王国则于公元前30年投降。

在希腊化王国短暂统治印度西北部期间，希腊化诸王不得不与王国的印度文化妥协。东王国米南德王发行的钱币上刻有佛教符号和双语铭文（希腊文、俗语），他将自己示现为子民的"救世主"。佛教典籍记载，米南德王被称为弥兰王（Milinda），也被称为哲人王，死后骨灰按照圣贤王者的等级，像安葬佛陀遗骨那样，归葬于佛塔中。敌视东王国的西王国，则青睐印度教的象征主义，并遣送一名土生土长在塔克西拉的希腊人赫里奥多罗斯（Heliodorus），作为大使前往巽伽宫廷。他和巽伽王朝一样，也信奉毗湿奴。中印度一根石柱的铭文上刻有迦楼罗（Garuda）神鸟的图像，鸟背驮有毗湿奴，以纪念他出使巽伽王婆伽跋陀罗（Bhagabhadra）的宫廷。共同的宗教倾向将西王国和巽伽人联合在了一起对抗信奉佛教的东王国，强化了二者政治同盟的共同利益。这正是希腊人庇护印度宗教，而非将自己的宗教强加于印度人的真正原因。希腊化雕塑在西北部落地生根，但雕塑的主题是印度文化的主题，通常以佛教为主。犍陀罗（Gandhara）的艺术混合了希腊化与印度的艺术元素，是印度文化区中为数不多的希腊文化的表现形式之一。

游牧民族

在希腊人统治旁遮普的最后数十年里，印度迎来了另一拨入侵者——中亚游牧民族的后代。公元前1世纪，西北印度出现了两支说伊朗语的民族：斯基泰人（Scythian）与帕提亚人（印度人称其为萨迦人、巴列维人）。公元前1世纪中叶以前，帕提亚人推翻了希腊人在塔克西拉的统治。起初，塔克西拉的帕提亚也许只是伊朗帕提亚帝国或安息帝国的延伸，但很快发展为独立于帝国的政治实体，统治达百余年。

从公元前2世纪的中国史籍可知，中亚部落间发生了一场战争，一支叫作月氏的族群被驱赶到巴克特里亚边境，后在该世纪末年，月氏族驱逐了生活在这里的斯基泰人。公元1世纪，月氏的一支贵霜（Kushana）统治了月氏其他支，建立了霸权，将势力范围深入印度。公元1世纪末2世纪初，贵霜在最伟大的国王迦腻色迦（Kanishka）统治下，疆域跨越了兴都库什山，统治范围包括伊朗与印度的大片疆土，并直抵恒河谷地。公元3世纪，贵霜帝国灭亡，伊朗的萨珊王朝建立，而此时游牧民族入侵印度的时代仍未结束。斯基泰人公元1世纪建立的西萨特拉普王朝（Western Satraps），一直以伊朗的总督头衔统治着印度西部，直至4世纪末。

这些事件实际上是印度遭受的第一波中亚游牧民族周期性军

事入侵。他们是武力的掠夺者，首要目标是伊朗，其次是印度的定居农耕民族。游牧民族的周期性军事入侵大约每500年循环一次。正如前述，在公元前1世纪，第一波入侵的伊朗语游牧民族攻破印度边界。公元5世纪，西北方出现了可能使用突厥语，并与欧洲匈人有亲缘关系的胡纳人（Hunas）。到了公元1000年左右，信奉伊斯兰教的突厥人在阿富汗建立政权，并在接下来的两个世纪里，接二连三地洗劫了印度，最终在印度建立了德里苏丹国。16世纪，与蒙古人有亲缘关系的莫卧儿人在印度次大陆站稳了脚跟，建立了欧洲殖民印度之前印度最大的帝国。

中亚游牧民族必须随身携带所有财产，无法一边过着游牧生活，一边积累着财富，因此，游牧民族没有足够的物资储备来应对困境，而劫掠农耕聚落就成为他们摆脱困境的方法之一。游牧民族拥有大量的马匹，马术和弓箭技术高超，面对农耕王国行动迟缓的庞大军队，他们拥有决定性优势。展开劫掠生涯的游牧部落很快发现，自己无法一边看守牛羊，一边进行战争。很快，军事胜利瓦解了游牧经济。部落军事首领一开始依靠不断从农民手里掠夺大量唾手可得的财富来维持个人权威。一旦劫掠将资源耗尽，首领的权威就将受到挑战。四处劫掠的游牧部落成功打劫的速度越快，部落瓦解的速度也就越快，它会迅速崩解为许多相互争斗不休的小团体。

早期印度的游牧国家已跨越了首领依靠个人权威进行统治的

阶段，尤其是贵霜帝国和西萨特拉普王朝，它们形成了比较稳定的政治结构，个人领导转变为世袭君主制，对附属王国肆无忌惮的劫掠转化为向农民征税。土地税是王国财税的稳定来源，因此，管理土地税需要巧妙的官僚统治技术，既要保障财政收入，又不能损害农民生产的积极性，然而游牧国家缺乏官僚统治的经验和技巧，因此，他们必然要与过去数世纪来已拥有丰富官僚统治经验的伊朗精英和印度精英合作。

当地人逐渐将统治者视为宗教的支持者，而非敌对者，由此可见，统治者对当地宗教的赞助和保护，密切了与伊朗、印度精英之间的合作关系，促进了军事统治向官僚统治的转型。

从有关贵霜与西萨特拉普的零散材料中，我们无从得知转型的详细过程，但可以找到转型的影响。贵霜钱币显示，帝国赞助着印度的宗教信仰，其中就包括印度教的湿婆、佛陀；贵霜帝国横跨印度和伊朗，因此许多伊朗神祇（还有美索不达米亚和罗马人的神祇）也同时出现在钱币上。佛教中盛传迦腻色迦王为佛法护持，广受欢迎的大乘佛教这时逐渐登上了历史舞台。然而，贵霜人长期保持着中亚人身份认同的标识，尤其是继续戴尖帽、穿分襟骑马袍、宽大长裤和皮靴，这些服饰和佩饰虽然能适应中亚的草原气候，却不适应北印度平原炎热的气候。考古学家在北印度发现了贵霜人使用的钱币及其人物塑像。

另一方面，西萨特拉普王朝则在一片完全与伊朗和中亚隔绝的土地上统治了300多年，因此，其印度化的程度似乎较深、范围似乎较广。第一份长篇梵语谕令（150年）出现于国王鲁陀罗达曼（Rudradaman）统治时期，诗人并非赞扬他的骑术和箭法，而是赞扬他精通音乐、逻辑学、诗歌和梵语语法。这是一项长足的进步，充分显示出王朝对新兴艺术的浓厚兴趣。

中亚入侵者带来的骑兵术有效地终结了战车战争的历史，但是，印度文明从他们身上借鉴的元素并不多。过去吠陀众神驾驭空中战车，这时的印度教神祇则自行选择坐骑。统治者赞助、保护新生的大众宗教、科学和宫廷诗歌，为古典印度文化的形成贡献良多。此外，他们也促进了印度文明与其他地区的沟通交流，尤其是佛教进入了干旱塔里木盆地的汉朝西域，最终于公元1世纪抵达中原。

南印度与德干

古典印度文化在发展的同时，也传播到了整个印度次大陆。传播的方向由北向南，但不要因此误解它传播的过程。达罗毗荼语曾一度在北方广泛使用，如我们所知，最早的梵语文献里就有达罗毗荼语词汇，说明北印度形成的古典印度文明的诸元素，乃是不同语言、文化族群融合的新产物。虽然我们无法细分各语言和文化对古典印度文明的贡献，但是，古典印度文明确实是个融合体。

第五章 古典印度时期

了解达罗毗荼文化范式最好的资料，是南印度的古泰米尔语文学。泰米尔语区自西向东有三大王国：哲罗（Chera）、潘底亚（Pandya）和朱罗（Chola）。阿育王时代的铭文明确表示，三大王国不在阿育王帝国的统治范围内；阿育王向三大王国派遣说法大使。三大王国及其他小王国支持泰米尔语宫廷文学的发展，泰米尔语宫廷文学约与梵语宫廷诗歌同时发展起来。桑伽姆（Sangam）文学，是指公元2—4世纪间，潘底亚王国首都马杜赖（Madurai）的一群文学专家收录的泰米尔语诗歌选集。泰米尔语法书《朵迦比亚姆》（*Tolkappiyam*）辑录于同一时期，包含严正的诗歌理论，该理论建立了桑伽姆文学的知识传统，诗人、赞助者、评论家和出身武士阶级的绅士名媛共同分享这一知识传统。古典泰米尔语诗歌艺术分为两种主题：阿哈姆主题（*aham*）和普拉姆主题（*puram*），即爱情诗与英雄战争诗。这些诗歌略微提到国际奢侈品海上贸易的起源；希腊水手利用季风风向，从埃及和地中海出发，满载着双耳陶罐装的意大利酒、红珊瑚珠宝和其他稀有之物，驾船前往说泰米尔语的王国，为南印度宫廷带去奢侈品。

诗歌中描绘的泰米尔文化与宗教有其独特性，但也与北印度的发展有关。从诗歌里可以看出它们参考了《摩诃婆罗多》里的故事，也可以看到壮大的印度王室文化元素，也能找到婆罗门、佛教徒和耆那教僧侣的身影，还有许多当地的神祇。在未来的岁月中,当地神祇将逐渐与印度教神祇融为一体。

在娑多婆诃王朝(Satavahana)的统治下,德干区一方面吸收了北印度正在丰富起来的文化元素,另一方面也对北印度文化有所贡献。在漫长的岁月里,娑多婆诃王朝一度控制着印度西部大片区域,经常与北方宿敌西萨特拉普人发生冲突。从娑多婆诃王朝留下的铭文与王室赞助建造的岩雕僧院,可以看出王室对佛教的盛宠。但如同其他印度王室,他们也支持其他宗教,娑多婆诃王朝还曾举行吠陀献祭。伽尔拉(Karle)等地的佛教石窟,是古典印度文明形成期留下的最动人的建筑。娑多婆诃王朝位于印度-雅利安语与达罗毗荼语交汇语区,娑多婆诃王朝推动了供母语非梵语者使用的语法书《迦丹多罗语法》(Katantra)和俗语宫廷诗歌的创作。娑多婆诃王朝的哈拉王(Hala),用马哈拉施特拉俗语,撰写了经典宫廷诗《七百韵》(Saptashati)。《七百韵》优美动人,因此,马哈拉施特拉俗语被公认是撰写古典诗歌的理想俗语,尤其是情诗。总之,娑多婆诃王朝的君主一如古典印度文明形成期其他印度国王,积极推动着艺术、建筑、宗教和君主统治的新类型。

早在阿育王时代,斯里兰卡岛(锡兰)上的印度-雅利安语移民(僧迦罗人)及其国王就已皈依佛教,因此,该岛很早就进入了古代印度文明圈。有资料显示,至公元 1 世纪,扶南王国(Funan)在湄公河三角洲一带建立政权,也就是今日柬埔寨与越南南部，至此，东南亚王室开始吸收印度的艺术、宗教和君主统治观念。

印度教与大乘佛教

后孔雀王朝时代，印度宗教再次经历根本性的转变。吠陀宗教强调雅利安家主向神祇和父祖献祭，反吠陀宗教的耆那教、佛教等强调从世俗生活退隐到静默冥想的生活。然而，两次根本性转变都称不上是大众化，并未完全向大众开放。这时新的宗教生活形式顺应大众需求而生，强调对最高神祇的虔爱奉献。人们深信神的恩典高于自动伸张正义的轮回业报，因此，他们敬拜庙堂中的神祇塑像，献上水果、鲜花和赞美祈祷。在因果业报教义之下，个人将因其行为道德与否，获得相应的奖赏或惩罚，但只有天知道是否真能得所报偿。通过向超脱了轮回的神——毗湿奴、湿婆或神化的佛陀奉献，我们可能获得更好的果报，跳出因果业报，即获得解脱。向救世主神祇敬拜奉献，正是为了确保能够获得额外的福报。

印度教经典《薄伽梵歌》(*Bhagavad Gita*)本身是《摩诃婆罗多》里的一段，它提出了比吠陀和禁欲宗教更高的学说和教义。《薄伽梵歌》叙述了印度史诗《摩诃婆罗多》里的大英雄阿周那(Arjuna)与他的战车手黑天(Krishna)之间的对话，黑天是印度教主神毗湿奴的人形化身。黑天用术语"业"分析了不同的宗教学说：吠陀祭司通过献祭行为寻求解脱，殊不知这反而让他与轮回绑缚不离；禁欲修士通过摆脱"业"来追求更高智慧，这确实是一条更高级的道路，但认为自己可以终止行为，这是自欺欺人，实际上他仍然需要呼吸、饮食等。然而摆脱"业"的果报确实有方法可循，即不再想通过"业"能够得到什么回报，而是继续履行个人在社会中应尽的宗教职责。这一教诲接近佛教教理，佛教也提倡压抑行动背后的欲望，而非抑制行动本身，然而《薄伽梵歌》不同于佛教之处在于，它劝说人们不应遁世，而应本着超脱的内心来履行自己的社会义务。黑天继续宣示如何通过敬神，让即使身处最底层的人也能获得额外恩惠，进而得以解脱。

精心阐述的普世奉献主义（devotionalism），兴起于印度历史的关键发展阶段，是继吠陀献祭和反吠陀宗教之后印度宗教思想的第三阶段。然而，神像崇拜、求神与抚慰性质的祈祷、奉献行为及恩典思想似乎早就在印度生根，至少可追溯至印度河流域文明时期，并长期为社会底层所奉行。普世奉献主义并非后孔雀王朝时期的发明，实际上普世奉献主义不过在这时获得了教育精英，特别是婆罗门的重视，因此留下了梵语文字记录，我们才得以记述它后期的发展阶段。

印度教是婆罗门学问与大众普世奉献主义全新合作关系的代表。正是在这一时期，毗湿奴与湿婆成为印度教的双核心，今日依旧如此。按照印度教教义，毗湿奴通过化身，一世又一世降生凡间，惩恶扶善，将许多非吠陀，甚至纯粹是地方信仰的教派拉入自己的阵营。其转生产物可能为鱼、乌龟、野猪、人狮、侏儒、持斧罗摩、阿逾陀的罗摩王、黑天、白马*，甚至是佛陀。毗湿奴不压制原有的教派，而是吸纳它们，将其普世化，因而超越了各教派。湿婆则以阳具（林伽）、瑜伽士之神或百兽之主的形象出现；或是以家庭成员的形象出现，如配偶母神［提毗（Devi）、难近母（Durga）］，或是他的两个儿子——战神塞犍陀［Skanda，与泰米尔的穆卢干神（Murugan）有关］和象头神伽内什（Ganesha），这些也说明印度教吸纳地方宗教信仰和习俗并将其普世化的能力。

普世奉献的印度教派持续受到欢迎，对奉行简朴苦行的遁世宗教来说是个重大挑战，也激起这些宗教内部虔爱思想的发展。大乘佛教的菩萨（Bodhisattva）学说引入了恩惠思想；菩萨在慈悲心指引下，将更多的功德施予祈求者。即便在较严格劝化的教派小乘佛教（大乘佛教对其的蔑称，当今学术研究中延续斯里兰卡人的用法，称为上座部）里，普世奉献的思潮也在神像崇拜和朝圣地留下了足迹。

---

* 另有说法为身骑白马的英俊武士或马面人身。——编者注

古典时期（320—600 年）

320 年，恒河流域的摩揭陀再度成为笈多王朝帝国扩张的中心。笈多王朝建立者是旃陀罗·笈多一世（Chandra Gupta I），这名字令人忆起 6 个多世纪前，夺取华氏城王座建立了孔雀王朝的冒险家。然而，笈多王朝绝非孔雀王朝的复兴。笈多王朝的中央集权程度远不如孔雀王朝，但这一时期的艺术、文学与礼仪则符合古典时期的标准。国王的形象愈发疏远、神秘，其至高无上的权力行使起来愈发不直接。古典印度时期的国王被迫屈服于更高的权威婆罗门；比起阿育王时代，他们对子民的习俗介入得更少了。

笈多王朝（320—550 年）

如同阿阇世王，众王之王的旃陀罗·笈多创建了以摩揭陀为中心的恒河中游帝国。继承人所刻铭文用的笈多王朝元年（319—320 年），可能标志着他统治开始之时。他的儿子海护王沙摩陀罗·笈多（Samudra Gupta）通过兴战，大举扩张父亲留下的版图，兼并了恒河与亚穆纳河沿岸所有小国，迫使孟加拉、阿萨姆与尼泊尔等边境王国，连同西方的部落寡头一起向其纳贡；他沿着东海岸一路远征，最远抵达位于泰米尔纳德的帕拉瓦王朝的首都建志补罗（今甘吉布勒姆）。笈多人无意永久统治这些南方王国；根据宫廷诗人的记录，海护王"征服又释放"南方诸王，因此赢得许多荣耀（无疑还有许多战利品），然而荣耀皆未持久。若海护王时期的一段铭文足供采信，那么，即便是斯里兰卡与印度-伊朗边界的远方诸王，也应献上臣服之意，连同美女进贡，以恳求笈多发布诏书，确认他们以臣属国统治自己的领土。然而，资料显示，诗人夸大了献礼的丰厚程度和外国使节在印度宫廷里说的赞美之词。海护王赞助宫廷诗歌、音乐等艺术的发展，并亲自参与其中。海护王时期的金币显示，他是双重平衡的象征——武士美德（以弓箭杀狮）与艺术修养（演奏弦乐器），再加上他支持宗教与正法推行，海护王就是古典时期王的典范。

海护王之子超日王旃陀罗·笈多二世（Chandra Gupta II）结束了塞种人（Shaka，或称西萨特拉普）在印度西部长达三个世纪的统治，至此，笈多王朝的版图确定了下来，王朝达到鼎盛时期。公元400年，约为超日王统治的中期，北印度多数地区都在笈多王权统治之下。尽管笈多王朝的版图未曾到达南部的德干半岛，但对半岛北部的伐迦陀迦王国（Vakataka）有着相当大的影响力。伐迦陀迦王子迎娶了超日王之女波罗婆伐地·笈多（Prabhavati Gupta），但他去世较早，留下了王后和年幼的王子们，于是，王后罗婆伐地·笈多在王子们尚年幼时，担任了王国的摄政。

5世纪初，东晋高僧法显从长安出发，一路西行，度沙漠，越葱岭，到达印度，求取梵本佛经，后著有旅行记录《佛国记》。在《佛国记》里，他描绘了超日王治下的印度，非常接近他心中理想的社会状态。法显的记录非常具有说服力，他说，那里的人民富庶欢乐，国家不需将人民登记造册，也不限制人口流动。罪犯不受体罚，仅于再犯时才斩除右手。素食主义广为流行，甚至旅行僧未曾听闻有动物受到屠戮；仅有低种姓猎人才会贩售肉类。他甚至称人们不吃洋葱或大蒜，也不喝酒，但此种情况仅适用于某些高阶种姓。另一方面，他也注意到贱民种姓的存在，他们与其他社会阶级隔离开来，当他们靠近城市或市集时，须以木头击地示意出现，以便他人及时避开。富人则兴建佛教僧院，捐资建立免费医院，照顾孤寡残障人士。

超日王（约376—415年在位）及其子鸠摩罗·笈多一世（Kumara Gupta I，415—455年在位）统治时期，笈多王朝进入了繁盛时代，秩序井然；然而此时其他伟大文明正遭受中亚游牧民族的入侵。中国的匈奴人、罗马的匈人与伊朗萨珊王朝的嚈哒人（Ephthalite）可能是文化上相关联的族群，他们都说突厥语。印度也无法长久免于入侵；塞建陀·笈多（Skanda Gupta，455—470年在位）以战胜胡纳人、拯救了王朝命运而闻名。胡纳人可能与这波入侵有关，他们在塞建陀统治初年开始出现于西北区域。第二波胡纳人入侵从公元500年左右开始，在西北地区建立了游牧帝国，但也深入到了印度中部。从印度西北到印度中部，这一路的笈多诸侯国纷纷效忠入侵者，其他地区则脱离笈多统治而独立。虽然直到公元570年，东方的属国孟加拉省与奥里萨省仍以某种形式承认笈多宗主国的地位，但是，第二次胡纳入侵带来的直接与间接影响仍旧造成了帝国崩解。胡纳人在西部与西北多个地区的统治一直延续到公元600年；之后他们似乎完全融入印度教社会，成为职业军人，被称为拉其普特人（Rajput）。

不同于现代民族国家的理想状态，笈多帝国的中央权威并不能在疆域各处同等效力地贯彻执行，各省与中央的关系也在变化。恒河地区是中央直辖区的核心，海护王已削除该区域内的地方诸侯。核心的外围是藩属国带，诸侯国负有朝见、贡献和军事服务等义务。这些义务看似沉重，然而，不论是北部、东部的藩属国，还是西部与西南的部落国家，它们的内部事务仍掌握在王公或长老手中。笈多王朝对部落国家行使宗主权，可能有助于强化部落首领的权威，促进部落国家王权的成长。6世纪笈多王朝向东撤退时，在先前部落政权的区域内突然崛起了野心勃勃的独立王国；另一方面，最西与最东的省份，即卡提阿瓦半岛与孟加拉，由笈多国王任命地方势力（王公）进行管理，贡赋上缴王室。不过，由于地处偏远，管理一职逐渐世袭化，这两省逐渐近于半自主的进贡藩属国。当笈多王权式微时，卡提阿瓦的王公成为国王；孟加拉的王公则继续承认笈多王权，直到6世纪末。孔雀帝国所有省份似乎都由王子管辖，相较之下，笈多帝国的中央集权较弱，虽然有统一的中央集权，但统一的权力之下实际上保存着不统一。

古典印度时期的国家与社会

古典印度时期国家的经济基础，在于国王分享国家的生产力。国王的职责在于保护国家，相应地，他有权从农民收成中抽取一小部分，律法书中通常将份额定为六分之一，但要视国家的需求与当地自然条件而定。整个古代印度，短缺的通常是耕作劳力而非土地。因此，睿智的国王会鼓励邻近王国的居民移民到自己的国家，赐予移民农地的终身所有权，减免税收，提供种子、役畜，帮助农田灌溉，鼓励农民开耕处女地。虽然印度国王的言行仅受超自然力量的监督，但农民可以"用脚投票"，选择可获得温和待遇的国家。

虽然无法向森林中冥想的隐士征税，但是，因为国王向其提供庇护，因此，国王可以从隐士那里获得六分之一的宗教功德。这些看不见的奖赏促使国王和私人将土地与整个村社捐赠给有学识的婆罗门或耆那教、佛教僧侣；抑或向宗教团体捐资建造庙宇、修院或学院。王室捐献事实上是将国王应得的份额捐给了宗教人士；而私人想要将土地捐赠给宗教团体之前，则须付给国王应得的份额。国家自然不愿纳税田地脱离税籍，因此倾向将宗教捐献仅限于处女地，并禁止农民向处女地移民。因此，宗教团体促进了处女地的开发，也促进了耕地的扩大和农业的发展。

宗教捐赠并不能为国王带来丝毫的收入，且捐赠一旦完成，就无法撤销。宗教捐献具有永久性，因此，契据会被铭铸在铜盘上，这类铜盘今日依旧有不少保存下来。在这些契据中，我们发现受赠者享有免受王室官员介入的一些豁免权，并可管理契约耕种者的生活，相当于拥有内部主权的特权，例如刑事管理与收缴罚金。因此，宗教捐赠一直受到王室保护，同时在管理奉献田地、村庄与耕作农民时，免受行政官员的干预；国家仅能从中获得精神回报，并不能获得税收。连续数个世纪，许多庙宇和寺院都成为突厥人劫掠的目标。宗教捐赠的条件如此优厚，有时甚至出现伪造的铜盘契据。

对于奖赏给非宗教官员的物品有哪些，我们所知甚少，因其多写在棕榈叶或桦树皮等易损材料上。这一事实显示，虽然这类赏赐可能数代父子相传，但只发生在国王并未撤销对他们赏赐的前提下，并不像宗教捐赠一样"与日月共存"。这类非宗教土地赠赐并不能免税。事实上，岁入与土地和耕种者的权利紧密相关。王室行政官与收税官的薪水可能来自王室指定的省中某些村社的岁入，该省其他村社的所有岁入则上缴王室。相比于将所有收入先上缴国库，再核发薪饷给偏远省的官员，这种行政安排执行起来更为简便，更符合这个时代的政府行政能力。因此，在国王与农民之间产生了大批中间人,他们掌握着司法与税收的巨大权力。乡村收税员、总督与地主,近似于藩属国国王,只要他们持续向帝国财库缴纳岁入,那么就在其管辖区域内享有自治权,收入直接取自该地。

王室收入的大部分来自田地收成,然而国王也从其他阶级的生产中收取一部分,例如渔民、牧人、手工艺者或商贾。国王强制征收通行费与税金的权利,也是源自他负有保护臣民的职责。在市场中有特定的收取税费的形式。王室代理人确定了度量衡标准,根绝诈欺。利率与契约虽依各地惯例而定,但若有争议须提交给国王进行裁决,由国王强制执行。当价格超出平均水准时,国王就会介入,设立王家市场并禁止私下交易,恢复正常价格,以平衡供求关系。

印度人很大程度上是受种姓制约束的,而非国家制度。每个种姓有其特定的职业,在仪式纯洁度上也有等级分别。不洁的工作,例如理发、洗衣和清洁,对于社会较洁净的阶级来说是十分必要的,因为这些工作除了对于经济发展很重要以外,还清除了不洁,但婆罗门是不能亲自从事这些职业的,因它们会危及婆罗门的洁净。因此,种姓之间其实是相互依赖的,却受到限制接触的种种制度的约束,彼此隔离。这些规范通常禁止跨种姓通婚、一起进食甚至靠近彼此,害怕较不洁者会污染较洁净者。每个种姓中都有自己的长老会,以确保成员遵守饮食、婚姻、继承与仪式传统，并以各种手段惩罚违反者，惩罚力度从罚款、忏悔到永久逐出种姓不等。

一般常认为印度种姓不会变化，这是误解。在移民、人口增长、新的特殊职业产生、部落族群进入印度教社会等因素作用下，种姓持续迭代或分化成更小的亚种姓。种姓之间的边界一直在缓慢发生着变化，相对于其他种姓的地位也在不停地升升降降。许多世纪以来，相对不变的是种姓制度，根据洁净位阶，它界定并重新界定种姓在等级制度里的位置。

梵语法律典籍"法论"（*Dharmashastras*）造成了种姓固定不变的错误观念。根据"法论"，吠陀社会的四个阶层（瓦尔那制）——祭司婆罗门，武士刹帝利，农人、牧民、商贾吠舍，仆役首陀罗——是由原人的身体分化的四个原始种姓，所有其他种姓都是原始种姓之间产生不恰当性关系的结果。世界初始，所有种姓的职业、职责皆已固定，并代代相传，而新种姓的职责则承袭自跨种姓婚姻所在的阶序。种姓制度的源起、本质，以及把等级秩序强加于变动的社会群体关系之上的能力，远比法律文书陈述的简单理论来得复杂。我们将于第六章回头讨论这个重要课题。

印度国王是社会秩序的守护者，尽管秩序并非由他所创。从现代意义而言，虽然国王发布的谕令必须服从，虽然他是裁决个人或团体之间纠纷的最高仲裁人，但他并不是社会的立法人。他对争议进行裁决时，或是他指定的婆罗门法官代其进行仲裁时，可能会参考以下四种因素之一做出判断：正法、氏族或种姓的古老传统、市场遵循的惯例、反映国家需求的王室谕令。其中，正法享有最高权威，"法论"是一部有关正法原理的浩瀚文献。这批文献中形成时间最早、最权威的是吠陀时代的《法经》，最重要的部分完成于孔雀王朝时期，后续发展成更系统、更完备的论著，称为"法论传承"(Dharma Smritis)，最早的传承是《摩奴法典》(Laws of Manu)。正法传承辑录约于公元前600年结束；接下来的阶段，则是辑录法经与法论的摘要和评论，这一学术传承一直延续到19世纪的英属印度。

这些文献并不是为了创制法律，而是为了确定永恒不变的、超越的宗教义务(dharma)。法可通过四种方式发现：了解天启(shruti，即吠陀文献)、了解传承(smriti，例如《摩奴法典》等法论传承)；当二者皆无法对特定事项提供指引时，则可依循道德高尚人士的言行，或者在吠陀欠缺明显权威的情况下，诉诸个人良知，暗示神圣意旨的存在。

国王的职责，是确保众人依种姓与瓦尔纳制，履行自己的义务，并大致在利益正法的前提下，遵守国王政策与司法裁决。除非与正法激烈相悖，否则地方习俗不应废除。事实上，若正法与习俗在司法裁决中发生冲突，国王应以习俗为依据进行裁决；市场惯例则优先于正法、种姓和地方习俗；前述三者在面对国家需要时，皆可抛诸两旁，以国王的谕令为尊。

因此，国王可以视其需求，自由决定国家事务。他的权力不受法律约束，单凭个人权威下令或废令，无须获得他人或团体的同意，也无须期待命令可以得到服从。理论上，国王的统治不受监督，随着时间推移，他将集神圣性于一身。欧洲君主也许宣称君权神授，而印度国王自己就是神。例如，海护王的铭文将其形容为财富之神俱毗罗（Kubera）、主宰正义的伐楼拿、战神因陀罗和死神阎摩，他的肉身仅是为了遵守社会惯例而存在，事实上他是尘世之神。

国王的专制权，仅受两个因素限制：超自然的约束力与实践的约束力。婆罗门祭司与正法学者也是尘世的神，虽然并无实权，却是神圣原则（梵）的化身。王权正是从"梵"中生根发芽的，并由此获得合法性。因此，王权需与婆罗门权威结合，并向后者臣服，如同妻对夫一般，以绵延善法。在实践层面，只要国家有需要，应尽可能在神圣律法的框架下处理王国事务，并遵循婆罗门学者的建言。

另一方面，传统与现实也会限制国王介入人们生活的程度。人们承认国王的职责在于惩凶扬善，按照瓦尔那制度导引人们履行各自的职责，并避免不同种姓混杂在一起。然而，古典印度时期的国王并不打算像阿育王一般，试图改革社会或提升人性。种姓制度由传统所定，而非王者制定，后者仅能在狭小的范围内下令完善种姓制度。个人纠纷则由种姓、村落或行会处理，除非相关人等将纠纷提至国王面前，否则国王不得干预。仅在直接牵涉国家利益时，国王才能启动司法程序。社会在种姓制度下绝大程度上可以自我管理，在微小的国家层面的作用下，社会一次又一次得以重建平衡。

古典印度文明后期（600—1000年）

王国与帝国

公元7世纪上半叶，德里附近的小王国坦尼沙（Thaneswar）王子戒日王（Harsha）一统整个恒河谷地，帝国范围从旁遮普东部扩展至孟加拉与奥里萨，连同西部的卡提阿瓦半岛与东部的阿萨姆附属国。647年，戒日王去世后，整个政治组织随即瓦解。虽然短命的帝国对印度政治的历史进程几乎没有什么深远影响，但戒日王却吸引了大诗人波那（Bana）为他作传——《戒日王传》（*The Deeds of Harsha*），中国大唐高僧玄奘在《大唐西域记》里也记录了戒日帝国。这两部作品让我们对于戒日帝国有了更细致的了解，远甚于对印度古代其他王朝的了解。

戒日帝国是被征服国组成的松散联盟，被征服的国家负有进贡、军事援助及朝见帝国的义务。帝国的军队具有"封建"色彩，是一小股部队的集合,各自向个别王公效忠,而非直接听令于国王。军队内部成分混杂,其中私人仆役、库管、马夫、朝臣与妻室等非战斗人员的人数大幅超过了实际参战的人数。军队的行军速度十分缓慢,平时每日行军不超过10千米,但是军容盛大,军队佩有金鼓、号角、喇叭、海螺壳号角,对于敌军应能起到强大的震慑作用,抵消了行军迟缓的缺点。戒日王巡游王国各地,可以增强王国的凝聚力、提升子民对自己的忠诚度。

戒日王的新帝国有其内在弱点——小型官僚体系与大量急于寻求独立的藩属国,因此,只能靠戒日王个人持续不断地关注藩属国,在帝国内巡游来维持帝国。玄奘告诉我们,除了雨季,戒日王长期出巡,从来不在一地停留太久,住在临时搭建的草地帐篷里,离去后便将帐篷烧毁。他每天向佛教徒与婆罗门布施,听取民众对官员的控诉,并进行裁决。戒日王在世时,帝国内部的分裂倾向在国王个人干预与威势的压力下被抑制;而戒日王死后,他的帝国再也无法维系。

除戒日王的短暂帝国外,后笈多时代的国际秩序,被一群地区性大王国所主导。

恒河中游地区,聚集着大量耕作者,农业发达,河运贸易繁盛,铜铁矿资源丰富,分布着诸多富庶的城市,如戒日王的曲女城(今卡瑙杰)仍旧是北印度信奉印度教的诸王和之后入侵的突厥人的必争之地。647年,唐太宗遣使王玄策前往戒日帝国,却发现王位由权臣阿罗那顺（Arunashva）所篡。王玄策集中与大唐交好的阿萨姆和克什米尔军队，想要控制此区并建立富裕的帝国，却兵败而归。*

8世纪中叶，恒河中游兴起了两个有实力的王国。一个是西部拉贾斯坦沙漠的瞿折罗-普拉蒂哈腊王国（Gurjara-Pratihara），另一个是恒河东部的波罗王国（Palas）。两个世纪以来，两国持续争夺恒河中游的控制权，分据着恒河中游。800年左右，瞿折罗-普拉蒂哈腊王国从波罗人手中夺走曲女城，波罗王国仅剩比哈尔邦与孟加拉，一直统治这里到11世纪。波罗王国大力赞助佛教，在其统治时期，密宗（Tantric）在东印度蓬勃发展，并传入中国西藏。此外，从波罗王国时期的雕塑可以看出，波罗王国与东南亚建立了贸易往来与外交关系，在东南亚国家留下了足迹。

西印度王朝早在公元5世纪兴起，特别是在拉贾斯坦沙漠。他们自称拉其普特人（来自梵语"国王之子"一词），直到今日他们仍旧是该区拥有土地的武士精英。他们出现于胡纳人统治衰亡之时，加上胡纳人的名字之后出现在拉齐普特氏族名册中，因此，这些胡纳人可能是印度化的中亚人，其他则是当地的氏族。

---

* 中国史籍记载王玄策到达戒日帝国，被虏入狱。后冒死越狱，来到泥婆罗（今尼泊尔），向泥婆罗和吐蕃王朝借兵，吐蕃王朝派兵支援。王玄策再次进入戒日帝国，大败阿罗那顺，并顺利返回大唐。——编者注

无论如何，随着家族开枝散叶，拉齐普特人的父系氏族倾向于根据亲属支系分割政治势力，这与游牧社会的组织结构有关。在我们找到的三大早期拉齐普特氏族中，瞿折罗系于650年时分成四支，察哈马纳系（Chahamana）则于1000年分成八支或九支。只有瞿折罗系的一支，自称普拉蒂哈腊系（意为"守门人"，一种从属职称），统治重要商业城市乌贾因（Ujjain），不再限于早期拉齐普特人以亲属关系为基础的政治组织，而是通过联合其他非亲属关系的拉杰普特首领来建立帝国。瞿折罗-普拉蒂哈腊人创建了独一无二的普拉蒂哈腊帝国（即巴利哈尔王朝），并于夺取曲女城后，实际成为恒河中游的霸主，已不再是一个西部王国了。

拉杰普特帝国统治达两个世纪（750—950年），这段时间瞿折罗-普拉蒂哈腊人成功建立了官僚制里的关键制度，统一了军队。若没有这些关键举措，这个成功的劫掠者联盟无法发展为稳定的国家。712年，阿拉伯将领抵达印度河流域，瞿折罗-普拉蒂哈腊人成功抑制了阿拉伯势力向印度腹地的渗透。然而，随着帝国在10世纪分裂，抵达这里的突厥穆斯林侵略者发现，这里有许多拉齐普特氏族统治的小国，他们早前臣属于瞿折罗-普拉蒂哈腊人。

后笈多时代的半岛地区，另有两大权力中心分别在东西海岸确立了势力范围。在戒日王时代，上德干高原西侧由巴达米

（Badami）的遮娄其人（Chalukya）控制；同时代的西遮娄其王补罗稽舍二世（Pulakeshin II）阻挡戒日王进入半岛。8世纪，拉什特拉库塔人（Rashtrakuta）推翻西遮娄的统治，建立强权国家，数次骚扰恒河地区。他们与瞿折罗-普拉蒂哈腊人争夺乌贾因的控制权，此城为恒河与西海岸之间的重要商贸中心。拉什特拉库塔人也与泰米尔国的帕拉瓦和朱罗王朝发生冲突。10世纪末，复兴的西遮娄取代了拉什特拉库塔人，并一统上德干区域，直到12世纪末再次分裂成许多继承小国。

至少从笈多王朝海护王统治以来，德干半岛西南侧的拔罗婆（Pallavas）就一直统治着科罗曼德海岸。海护王南征曾一度兵抵拔罗婆首都建志补罗。他们留下了古典印度时期最动人的建筑，包括金奈南部的海岸神殿和马哈巴利普兰的雕像。9世纪时，打着泰米尔三古国之一朱罗王朝的名义，一支诸侯氏族建立起新帝国，11世纪达到鼎盛，统治一直延续到13世纪。朱罗人的两大明君为拉贾拉贾大帝（Rajaraja，985—1014年在位）和其子拉金德拉一世（Rajendra I，1014—1042年在位）。拉贾拉贾大帝任内，朱罗人入侵斯里兰卡，斯里兰卡岛北部成为朱罗王朝一省，处于军事统治下；拉金德拉一世时，朱罗军队抵达恒河东部，一改海护王南侵路线，进行了古印度史无前例的海外远征，劫掠马来半岛和苏门答腊沿海城市，将其置于朱罗统治之下。朱罗时期的石造神庙大量留存下来，今日仍有民众供奉这些神庙。

后笈多时代的整体政治结构，大约可以划分为五个主要区域，分别由一个王室家族和国家组织进行统治。这些区域政权或多或少地一直相互竞争，借由侵吞小国和对手来扩张版图，有时也洗劫另一个区域政权的首都，或者新王权推翻旧王室，然而，整体而言，这五个地区政权的统治模式相对稳定。每代统治平均20年，政局稳定；在许多国家，王室可以延续长达数世纪。东遮娄其王国（Eastern Chalukyas）身为半岛主要政权之间的缓冲国家，君主统治延续四个多世纪；孟加拉的波罗王国统治近四个世纪；南方的朱罗王国超过三个世纪；其他国家的君主统治也延续了两个多世纪。虽然政治情势看似随时在变化，但从长时段角度观察，则呈现或多或少的稳定架构。

第六章
家庭、社会与政体

家庭
社会
政体

第六章　家庭、社会与政体

古印度的家庭、社会与政体结构植根于深厚的传统，直到今日仍旧持续发挥影响。我们必须将它们视为长时段结构，与形成历史叙事的一连串事件不同，它们变化的节奏更加缓慢。本章与下一章中，我们将换一个方向分析，检视社会制度与代表性观念，它们不是变动不居的事件流，反而有着长久的生命力，缓慢发生着变化。

家庭

在印度，婚姻、亲属关系和家庭的形式高度不统一，因此，要在家庭层面总结印度社会，尤为困难。然而，印度的家庭与婚姻仍具有某些鲜明的特征，我们可以从描述这些特征开始。请注意，这些特征仅是高种姓印度家庭与婚姻的特征，承袭自第三章讨论的吠陀模式，因此，它们并不是普遍特征，也不是典型特征。

它们是精英性质的组织，而非大众组织；它们引人注目，具有典范性，为其他种姓提供了效仿模式。之后，我们会讨论其他种姓的模式与这些精英模式的不同之处。我们从精英典范讲起，是因为它们影响深远，"法论"里大量记载了这些典范。艺术作品则提供了另一些资料来源。一座精美的朱罗时期青铜雕塑，描绘了湿婆与雪山神女的婚姻，旁有妻舅毗湿奴和女侍，展现出完美的家庭景象。

我们从婚姻的两大特征讲起。婚姻是由父母做主的（arranged），是牢不可破的。婚姻是双方父母综合考量各种因素后安排的，主要考量男女双方是否种姓相同、来自不同的家系分支且星座匹配。以这些因素为重，并不表示男女双方的感情不受重视，但感情并非婚姻的基础；婚姻应以建立双方家庭之间长久联盟关系为主要目的。男女之间可能会产生爱情，但是是在婚后产生，爱情并非婚姻的基础。过去这些联姻经常在男女双方童稚时期就已缔结，同时倾向让孩子在青春期前就订婚或结婚（童婚会等到青春期后才圆房）。现代的印度共和国则制定了法律，提高法定婚龄，婚姻的习俗也历经了其他形式的转变。

婚姻安排好后，则由祭司在圣火前唱颂吠陀咒语，神圣证婚。事实上，婚礼仪式是留存至今最为活跃的吠陀祭仪。整个仪式通过祝圣，给予婚姻牢不可破的纽带关系，因此没有离婚一说。婚礼的仪式是将一对夫妻塑造成一个整体，目的在于进行家庭

第六章　家庭、社会与政体

祭仪。在家庭中，年龄最长的已婚男性是执行长兼祭司。迎娶妾室的婚礼没有圣火和吠陀咒语，可在迎娶正室后举行，但可随时撤销。

以上是古印度的婚姻。接下来我们将转向家庭的主要特征：数代同堂、土地共有和父权制。

比起夫妻子女组成的家庭，数代同堂的大家庭人数较多。在印度，数代同堂的大家庭通常是以父系（男性亲属关系）传承；不过印度也有知名的母系传承案例，之后会讲到。假设父系传承是一个标准模型，那么，数代同堂的家庭成员通常包含夫妻、未婚女儿、儿子、儿媳妇与孙子、孙女，可见，大家庭至少有三代成员共同居住在一起。同时也可看到男孩与女孩的命运截然不同，男孩将留在父母家中，女孩长大后则离开父母家，迁入丈夫的家庭。这表示家中女性只有两类——妻子（嫁入家庭）和女儿（嫁出家庭）；而家中的男性没有什么区分，都是同一群男性先祖传承的父系亲属。

印度家庭多代同堂，家庭成员共同享有财产，意即家庭是财产的唯一持有者，家中男性皆持有财产份额。父母去世后，兄弟在长子的领导下，继续共同持有财产，只要家主之职持续传承给下一代长子，那么财产就可以无限共同持有下去。或者，他们也可平分财产。无论如何，家庭财产并非通过遗嘱交付（因为财产是共同所有，而非父亲的个人财产），而是在古老习俗下，兄弟之间平均分配。此外，继承财产要等到家主去世之后，在此之前则由儿子共同持有。延迟分割继承权，也有助于维持多代同堂的家庭。

这里我们再次明显地看到性别的差异。多代同堂家庭的所有男女成员，都有权获得食物、住处、衣物，有权获得家中土地和家畜提供的资源，但仅有男性可以共同持有土地。由于女儿终将嫁入另一个家庭，因此不能成为土地等不动产的共同所有人（20世纪的法律对此进行了调整）。然而，她们出嫁时，确实会带走一部分可移动的家庭财产，特别是五彩纱丽（saris）、餐具厨具与珠宝，若家庭富裕，嫁妆的数量可能相当惊人。这份嫁妆称为"女人的财产"。由此可知，连财产也受到性别影响，采取不同的分配方式。明显可见的是，共有指的是财产所有权的共同享有，因此只有拥有足够数量财产的家庭才谈得上共有，而这类家庭仅是少数。无论如何，家庭财产共有仍是印度生活的重要特征。在印度共和国，约10%的家庭以未分割共有家庭财产的身份申报所得税。

最后，印度家庭为父权制，意即家庭掌握在父亲的权威之下，或者在兄弟持续共居的状态中，家中最年长的男性担任家主。印度家庭为双重父权。女性主义定义父权制度为女性受到男性制度化的宰制；在这个定义下，所有的社会都存在不同程度的父权制度，印度当然也不例外。但我们描述的家庭模式中，还包括更古老、更狭隘的父权制定义：家主宰制的对象不仅包括家中所有女性，还包含儿子；即便儿子已成年、已婚，甚至有了自己的孩子，仍然受父亲监护。换句话说，家主是家中唯一的法定成人，有权对外代表大家庭所有成员的权利（例如，在法律诉讼中），其他人都是"未成年"。同理，他也是家庭中的祭司，向圣火献祭。

双重父权体系值得我们进一步探究。儿子即便成年，只要父亲在世，仍受其监护；在吠陀传统中，女性终其一生都在男性的监护下：在家从父，出嫁从夫，夫死从子。在吠陀时代，无论献祭的主角是已婚夫妇还是已婚男性家主，妻子在其中的角色都至关重要。但因臣服于丈夫之下，女性虽在宗教上具有十分重要的意义，却少见于典籍记载。

家主拥有的父权权威无疑很强大，但也是有一定限度的。他并非家庭财产的唯一持有者，而是与子嗣共有。如我们已见，至少在古代，他无权通过遗嘱来不均衡地分配财产。在实务层面上，家庭如同企业，即便有成员死亡或替换，机制仍会延续，而家主则是替整个家族管理财产的经理。

印度的此种家庭模式，应理解为理想形态，而非统计意义上的一般印度家庭的特征。这是由宗教思想撑持的文化建构的产物，它体现在神话里，借由仪式神圣化。我们已经讲到，这些关于家庭的理想，在吠陀时期已然成形，其他早期印欧语系社会如希腊、罗马和波斯（见第三章）也带有部分相同的特点。在今日印度教徒的族群中，此种家庭理想仍拥有重要影响，虽然家庭模式的某些部分已被法律大幅更改。这些理想最重要的源头，是名为"法论"的法学文献，它将吠陀人民的信仰与实践进一步发展并条文化。"法论"大多处理家庭法的两大主题：婚姻与财产分割。我们需要检视"法论"传统如何撑持印度家庭的理想形态。

广义来说，印度教认可许多不同种类的超自然人格化存在，它们可分为两大类：提婆（deva）或神祇，"父祖"或祖先。繁复的吠陀仪轨要求设置三坛圣火，并任用多名婆罗门祭司担任中间人，但相对简单的家庭仪轨则只需一坛家庭圣火，并由家主自行祭祀，换句话说，就是由家主担任祭司。家庭仪轨供奉两种超自然存在，对所有家庭来说提婆都是相同的，然而父祖，包含已逝的父系祖先（父亲、祖父、曾祖父等），对于各个家庭而言却是特殊的。因此，家庭与祖先崇拜之间，社会与以神祇为主的"国家"宗教之间，均存在着结构性关联。

除了每日通过家庭火坛祭祀众神、祖先与其他存在外，家庭宗教还包含一系列仪礼，称为"净化仪式"（*samskara*），意指"擦亮"或"臻至完美"，它们协助个人由生命的一个阶段过渡到另一个阶段。净化仪式包括出生之前协助受孕、保护胚胎的仪式；出生与婴儿期仪式（首度见日、初啖固体食物等）；

第六章 家庭、社会与政体

男孩成为吠陀学生的入法礼,以及婚姻仪式。生命终结之时也会举行数种仪式,包含火化死者、协助新亡灵顺利前往父祖世界(所以不会在此世成为游荡孤魂)、定期向祖先供奉饭团和清水等。祖先则赐福给家族成员,护佑他们人丁兴旺、土地丰收、牲畜健康繁殖。

在此概念下,家庭的目的在于家庭之外,并非只是为了照顾生者和繁衍后代,更是为了供奉祖先,并借此确保他们在父祖世界持续拥有一席之地。因此,家庭的土地继承与供奉祖先的职责息息相关。

祖先无法自己供奉自己,其福祉的延续有赖于父系子孙一脉的永续传承。这便牵涉到生育子嗣的重要性,但不是每一对夫妇都能生育子嗣,因此"法论"发展出一系列律法帮无子的家庭认定继承子嗣。"法论"认可12种子嗣,第一种是"肉身之子",指生物学意义上的子嗣;接着是其他类型的子嗣。例如,若夫妻有女无子,可以指定女儿结婚后生养的一子为父母的合法子嗣,而非女儿与女婿的子嗣,这就是"指定女儿之子"。若夫妻无子无女,可让无子女的寡妇与已逝丈夫的弟弟同居,以怀孕产子,这一古老习俗被人类学家称为转房婚(levirate,也存在于希腊、罗马和《圣经》中),印度人则称为"尼育迦"(niyoga),此子将被视为死者子嗣,而非生父子嗣。这一结合并非婚姻,因为弟弟必须成立自己的家庭,生育自己的子嗣。

古典时代，古老的尼育迦习俗已逐渐消失，收养成为流行的做法。这里的收养与西方人熟悉的方式不同：在古印度，养子很少是孤儿，相反，他应出自声誉良好且与养父母相同种姓的家庭。由于养子将永久脱离原生父母，融入养父母的家庭，并于养父母去世后，向养父母而非原生父母供奉饭团和清水，因此，养子不得为原生父母的独子，否则其原生父母死后将无法获得供奉。

这一连串的观念与习俗，强有力地塑造着婚姻生活的规范，甚至赋予婚姻超越的意涵。这些观念与习俗综合了两种不同的原则，它们不稳定地混合在一起：丈夫与妻子同等重要，丈夫的地位高于妻子。这样的状况表现在古老概念中，一方面孩子的出现被视为父母双方平等且互补的生理贡献的成果，另一方面夫妻关系又被类比成田地（母）与种子（父）的关系。希腊文化中也有类似比喻。在这个比喻中，男性元素决定着孩子的生理结构特质。

如前所述，"法论"里的行为标准是高种姓的规范，因此，若想恰当描绘印度家庭，就有必要介绍一些复杂因素与例外情况。我们可从非吠陀宗教对家庭与社会生活的态度开始介绍。佛教与耆那教认为，人们只有放弃家庭生活成为僧尼才能获得解脱。虽然并非反对家庭，这些宗教的主要目标却在于跳出家庭

（与种姓）的实际价值，视家庭与社会关系为伦理行为，而非宗教义务，伦理行为只是为遁世者进入更高状态做铺垫。印度教本身也拥抱遁世理想，也许是为了回应取得成功的反吠陀宗教，不得不做出调适，但它是在与家庭规范相适应的前提下做出调适的，它将遁世作为个人完成家主职责之后可供选择的一个阶段。因此，所有印度宗教，无论是吠陀还是反吠陀宗教，遁世的理想都是至关重要的，但这种理想与婚姻生活的理想存在着紧张关系。

以下由前述规范出发，让我们通过几组不同面相来检视其中的差异。

高种姓／低种姓

我们已知"法论"中的家庭生活规范适用于高种姓，与长期传承下去的家庭不动产有很大关系。因此，财产安排着家庭关系。高低种姓之间的家庭生活差异极大，或者说，拥有诸多财产的家庭与身无恒产或财产稀少的家庭之间的生活方式差异很大。数代同堂的大家庭围绕着财产而形成，由于缺乏形成大家庭的财产，贫穷家庭则以小家庭为主，婚姻也较容易依当事人的心意缔结或解除，而非由父母安排。这类婚姻也缺乏"法论"中典型家庭的鲜明的父权制特点。

父系 / 母系

虽然父权制分布极广,但是仍有数个族群的组织遵循母系原则,这些族群主要位于南方的喀拉拉邦和泰米尔纳德邦的部分地区,包含喀拉拉的王室和地主贵族[称为纳亚尔人(*Nayar*)],直到最近时期,他们仍居住在大型母系地产上,地产由母亲和女儿共同所有。纳亚尔人的家庭结构并不完全是父系家庭的映照,男性与母亲、姊妹在原生家庭中共同生活,他们间歇性造访妻子,而非与妻子同居。纳亚尔女人通常拥有数名丈夫,不同的丈夫在夜晚造访妻子,会将盾牌留在妻子屋外告知他人。因此,在传统的纳亚尔制度中,婚姻关系相当薄弱,缺乏联盟色彩,主要依赖个人喜好。父亲的身份也很微弱。*

纳亚尔人是声誉良好的印度教徒,受梵语知识的教化。他们的婚姻与家庭传统说明一项事实:"法论"里的规范并不是所有人都应遵循的正统,它承认地区惯例和习俗,以及种姓制度的合法性和效力。

北印度 / 南印度

"法论"中明确承认"交错从表"婚姻关系是南方的习俗,

---

* 关于纳亚尔人,见 Schneider and Gough(1961)书中 Gough 所著的篇章。

对于生活在南方的人们是合法的。说达罗毗荼语的南印度人与斯里兰卡人倾向"交错从表"婚姻，意即让自己的子女和异性手足（兄妹或姊弟）的儿女，或者是远房的类似表兄弟姊妹成婚。"交错从表"婚姻让家庭之间的联姻关系代代相传，但在北印度却行不通。"交错从表"婚制的作用之一是为女孩缩小娘家与婆家的差距。铭文显示，南印度王室善用"交错从表"婚姻的效用来延续王祚，也就是通过多代反复联姻，巩固与其他王室的政治联盟。

印度教徒/穆斯林

伊斯兰教传入后，并不一定会改变改宗伊斯兰教的印度穆斯林的家庭生活，例如，南印度的穆斯林当中也有从母系者。然而，伊斯兰教对南亚的影响之一，是通过伊斯兰教教法（Sharia）推广中东的婚姻形态，将其灌输至南亚穆斯林的习俗中。他们倾向与堂兄弟姊妹，也就是叔伯的孩子缔结婚姻，而非南印度的"交错从表"婚姻。换句话说，父亲兄弟的子女是彼此的伴侣首选。这一做法违反"法论"中禁止嫁娶近亲，特别是父系近亲的规范。此举也与南印度的模式不同，南印度的堂兄弟姊妹会互称兄弟姊妹，因此不得视彼此为婚姻对象。此外，伊斯兰教教法还提出离婚、再婚以及完全不同的继承模式。

以上案例已充分说明印度家庭生活千差万别。现在我们转向范围更广大的，超越家庭族系、氏族与种姓的组织结构。

社会

家庭无法孤立存在，它必须与其他家庭建立关系，这些关系与婚姻制度有关。

首先，家庭依靠主要传承方式——父系或母系——集合成氏族或族系，这些族系通常是族外婚，意即不得嫁娶族系内部成员，理由是亲缘关系过近。例如，婆罗门分成17个左右的外婚族系，称为"戈特罗"，传说戈特罗是时间之初首先听闻吠陀，并为人类获取吠陀知识之贤者的父系传人。氏族成员不得嫁娶同一戈特罗的成员。此外，"法论"更规定不得嫁娶同"撒宾达"（*sapinda*），意即向同一人供奉饭团的亲属，也就是说有共同祖先的亲属。此项规定是针对拥有同一祖先的男女双方所间隔的代数或亲属级数做出的规范。通常，若双方的亲属关系在父系七代以内或母系五代以内，则视双方为"具有相同的父系或母系种姓"（*sagotra*）。

其次，禁止内婚的氏族或族系与其他氏族或族系之间，具有联姻或潜在联姻的关系。这类可联姻的氏族或族系集合，组成亚种姓或称"迦提"（*jati*）。种姓内部实行内婚制，意即嫁娶对象为同种姓，而非外种姓者。然而，婚嫁对象中存在着高攀婚姻

（hypergamy）的倾向（意即较低阶层的女性嫁给较高阶层的男性），在某些状况下这一原则会造成跨种姓婚姻；反之则为错误的婚姻方向。"法论"中有一对形容两个方向婚姻的术语："顺婚"（顺毛，*anuloma*）与"逆婚"（逆毛，*pratiloma*）；如同抚摸猫毛时的逆顺方向。绝大多数情况下，种姓之间的关系并非取决于婚姻，而取决于另一种关系。

接下来，我们将谈论印度著名的种姓制度（印度共和国已宣布种姓歧视为非法，并采取果断措施以弭平过往的种姓劣势）。印度拥有数千种姓，一般而言一个地区一个种姓。种姓各有名称，人名也经常透露出种姓。每个种姓都与特定职业有关，然而固守职业并非义务，种姓成员也可另择他业。种姓通常设有地方长老会，管理成员言行，对破坏种姓规范者可施以制裁，在极端情况下，有权将成员逐出种姓。种姓规范通常包括限制与其他种姓互动，特别是跨种姓婚姻与性关系往往被禁止；饮食分享也有各种限制。一般来说，包含米饭的热食，仅能与同种姓者共享；而未煮的米麦、未切水果蔬菜、澄清奶油（ghee）和用糖煮过的甜点，则可在市集贩售，或从其他种姓者那里获取。

至少在名义上，种姓与特定职业（农人、陶匠、铁匠等）相关，因此，种姓之间的部分关系是经济交换关系；通常并不是以货物和劳动来换取金钱的市场交换关系。过去在村社，有权势的地主家族与从事服务的不同种姓的特定成员之间是恩庇侍从的关系，后者为前者提供陶器、织品、铁器等其他农户无法自行生产的工艺品。像这样的地主种姓（贾吉曼，*jajman*）与工匠种姓之间的关系源远流长（当我们谈到"贾吉曼尼制度"时，指的就是这种恩庇侍从关系），工匠的工资通常是以农业收成的一部分来支付，而非周薪或月薪。经济关系通过仪式义务和特权得到深化，仪式义务和特权虽赋予经济关系人性化的一面，但同时也强化了内在的不平等。

种姓间的关系也受不洁和污染观念的支配，从而形成了一组位阶体系，每个种姓被安排在位阶的固定位置。和世界上许多社会一样，印度人自古以来便认为人体的排泄物是不洁之源，必须加以处理，通过沐浴等方式清除不洁，同时避免接触不洁之人。在家庭中，有固定的进食仪节，家中成员出生或死亡暂时造成的污染应遵循规范进行处理，经期中的女性要暂时隔离，等等。出于对外人的尊敬，印度人应减少与较低种姓人的身体接触，因为他们的洁净度相对较低，可能通过熟食、水和性关系传递。相反地，接受洁净度较高的种姓给予的食物，则能提升个人状态；因此，在寺庙中，先供奉食物给神，然后再将这些食物分给信徒食用。这些食物被称为福佑之食（*prasad*）或圣食。

截至目前，我们讨论了迦提，但还有一个词瓦尔那，也用来指称种姓，尤其是在"法论"里。迦提多达数千种，只在特定地区存在，而瓦尔那只有四种。早在《梨俱吠陀》时代的创世故事中，我们就看到世界由献祭所创造；这是吠陀人信仰中最具创造力的信念。最原始的生命原人，有时也称生主、造物主或梵天，是通过一场献祭活动而产生的。献祭中，他既是献祭者，也是祭品，更是接受祭礼的神祇。简单地说，他肢解自己，将自身献祭给自己。借这个行动，身体分化为现象宇宙的种种（动物、植物、矿物、时间分期等），他身体的四部分分化为人类社会的四个部分：他的嘴唇诞生了婆罗门，与吠陀圣赞有关；他的手臂诞生了刹帝利或武士；他的双腿诞生了吠舍农民和商贾；他的双脚诞生了首陀罗和仆役。这个故事说明四瓦尔那的分工是创世之初的一部分。在四瓦尔那中，前三者称为"再生族"，因其男孩会举行入法礼，在进入学生阶段时授受圣线，进行仪式性重生。他们的共同职责是学习吠陀，进行祭祀，并给予宗教奉献。此外，婆罗门的特殊职责是教导他人学习吠陀，为他人主持祭祀，接受他人给予的积累功德的宗教献礼。刹帝利的特定职责是保家卫国，吠舍则是通过农业、贸易与畜牧，生产生存所需的物质。首陀罗不能学习吠陀和献祭，无法参加入法礼，因此仅是"一生族"，职责是服务其他种姓。

迦提与四瓦尔那之间是什么关系呢？"法论"认为，许多迦提是由四瓦尔那相互之间顺婚与逆婚形成的，不同瓦尔那的结合创造出新的亚种姓，新的亚种姓再跨种姓通婚，产生更多的亚种姓。我们发现，该理论并未反映真实情况，因为迦提有各种各样的名称，这说明它们的来源相当多样；其中许多迦提来自吠陀宗教信仰圈以外的部落社会，还有的从事手工业，还有的是已被转成种姓的地区族群的名称。有人认为，绝大多数迦提属于某一瓦尔那，事实上，瓦尔那中的婆罗门、刹帝利与吠舍（三者即再生族，戴圣线的种姓）的人数仅占总人口的少数。洁净度或高或低的首陀罗种姓构成了印度社会的绝大多数人口。因此，"法论"描绘的瓦尔那和种姓画面与实际相差甚远。

当代，种姓制度发生了巨大变化，但并未消失。随着印度共和国与巴基斯坦建国，研究者以为种姓制会随着现代化进程的展开而萎缩、消失，然而，事实并非如此。某些方面，投票式民主选举制度强化了种姓认同。在一个每支种姓都是少数的社会，精英的再生族种姓只占总人口的不到10%，因此，政党要想赢取选票，就必须拥有不同种姓的候选人，以争取不同种姓选民的支持。由于种姓选民经常集体抱团，因此，种姓与现代种姓协会有如其他国家的族裔协会或利益团体，绝对不是实践民主的障碍。随着平权政策开展，种姓也成为印度共和国的重要政治议题。印度的平权政策向"指定的"种姓和部落开放公职录用与大学录取优惠通道，即出现在政府表单上的群体被视为社会弱势群体。真正改变的是，种姓制度已不复过往那般等级森严，更像是相互竞争的利益团体。

政体

佛教与耆那教兴起时，部落的政治权力分散在掌握战争武器的武士阶级手中，在此基础上形成了两种极端的政治组织，梵语分别将其称为王治（rajya）与共治（sangha）。"王治"指王权统治（衍生自"国王"，raja）；"共治"则指共和政府的形式，或多或少类似罗马共和国由贵族统治的政府形式，国家政务则由元老院辩论决策。这种共治的政治组织我们称之为部落共和国，因为他们仍以族群而非地域命名。这类共和国并非民主制，决策权仅限于精英阶级，亦非君主制。

这两种差异极大的政体很大程度上分别与吠陀和反吠陀宗教相关。佛教和耆那教创建人佛陀与大雄，皆出身吠陀中心以东的部落共和国武士阶级，这并非巧合。某种意义上，佛教僧尼团延续了作为一种政治形式的共治，称它为僧迦（Sangha）。僧迦的决策会议带有古代部落共和国高级长老会的影子。当然，两大宗教也都在王室赞助下蓬勃发展。

另一方面，婆罗门的吠陀宗教则明显偏向王权统治，正如第三章所述，吠陀宗教里的许多仪式，目的是在国王面对外敌和面对亲族内部的潜在对手时，能够强化并提升王权。因此，婆罗门与王权通过吠陀宗教结成联盟，国王将权力集中在自己手里，削弱了旧有长老会的影响力。

这两类政治形式似乎也与不同的社会形态有关。据佛教经典记载，部落共和国由"众王与群奴"（rajas and dasas）组成，而四种姓或四瓦尔那则与君主制有关。"众王与群奴"在古典梵语中指国王与奴隶，而部落共和国中若有整群的国王，那指的一定是武士或首领。我们可以想象，此类社会类似古斯巴达社会，斯巴达社会拥有一群自由的地主-武士，以及一群从属于地主的奴工（农奴）。因此，部落社会是复杂社会，但社会体制是两级社会体制；相对地，吠陀君主制的社会更为复杂，阶层分为四瓦尔那，王权的发展似乎也与种姓制度的发展相关。

部落共和国的政府形态持续了很长一段时间，直到笈多帝国时代，我们仍能听说这样的例子。讨论治国之道的《政事论》（*Arthashastra*）认为君主政体是标准的、较佳的政府形态，但也另辟一章讨论共治，以及国王应如何应对共治。从《政事论》的叙述中，我们了解到共治的一大优势：这种政治架构能酝酿出深刻的袍泽之情和政治自主权，部落武士面对外敌时会展现出强大的凝聚力，英勇作战。因此，若想要战胜他们，根据《政事论》主张，要派遣密探在他们内部种下不和的种子，从内部分裂共治议会、破坏团结。长期来说，在这场与部落共和制的竞争中，君主制胜出；笈多时代之后，部落共和制已从历史舞台消失。虽然我们仍时不时可以看到基于亲族聚集的武士群体，他们拥有相对平等的组织结构，是某个地区的强权，但其最终仍然会演化为标准形态的君主制国家。

吠陀时代之后，直到孔雀帝国建立之前，君主制的突出特点之一是具有强烈的扩张倾向。这也许解释了君主制比共和制更容易取得成功的原因，因为共和制吸纳领土的能力受部落政体所限，只能将征服的族群吸纳为某些武士家庭的奴隶或仆役。而君主制，特别是摩揭陀及其对手，则展现出无限的扩张倾向。早期文献以部落名指称国家，例如迦尸、憍萨罗、释迦和摩揭陀，但现在这些名称则改指王国所在地域，例如憍萨罗与摩揭陀，它们成了地域之名，不再是族群之名。

不同种类的文献里出现了不同的君主制文化，我们可以将其与不同时期的政治形式联系在一起。伟大史诗《摩诃婆罗多》里的英雄君主、《政事论》里工于心计的君主与"法论"里的神圣君主，分别反映了前孔雀王朝时期、孔雀王朝时期及后孔雀王朝时期的政治形式。

《摩诃婆罗多》的成书历时数个世纪之久，内容层层累积，它并非关于特定历史时期的叙述，而是反映一种社会想象。然而在史诗较古老的核心篇章中，有关于王权与对应社会的理想，铺陈出被我们称为英雄王者的理想。这理想似乎是吠陀时期武士治理社会的远古遗音。理想中，王者最首要的职责是担任战争领袖，他通常在战役前夜才当选，而在天下太平时则只有很小的权力和特权。这位既是武士又是国王的英雄，也不过是武士里的第一人而已。

摩揭陀的崛起似乎伴随着全新的治国之道与新型政治家的出现。新型政治家指的就是辅佐国王的圆滑的婆罗门大臣，政治文献《政事论》记录了他们关于政治运作的理论。《政事论》由考底利耶（Kautilya）所著，虽然它极有可能成书于后孔雀王朝时期，但它总结了书写治国之道的漫长传统，该传统可追溯至孔雀王朝时期，甚至更早以前（见第四章）。新的治国之道采取冷酷、务实的态度，遵循两大古老法则：四种手段与国家循环。

国王处理问题时使用的四种手段，包含妥协、赠礼、制造歧见与武力。武力被置于最后并不表示它不好，而是因为它会造成损失。这串讨论背后彰显的，就是今日我们所谓的成本效益分析。

国家循环法则，用以分析想要扩张领土的国王的情况。对国王，即征服者来说，近邻是天然敌人；当扩张主义被视为常态时，邻国之间必有利益冲突。出自相同的原因，敌国的邻国是征服者的天然盟友，可与之结盟，摧毁共同的敌人。当然，同时还需考虑敌国的盟友，以及盟友的盟友。当你在前线抗敌时，后方可能会有邻国等着给你致命一击，我们可称其为追捕者（Heel-Catcher）。在追捕者之外，则有求援的对象——救援者（Rescuer）；还有追捕者的盟友及救援者的盟友。有些国王可能穿梭于征服者与征服者的敌国之间，称为中间王（Middle King），他仅施小力就能改变权力的平衡，进而影响结果。最后，可能还有遥远的伟大国王，称为中立王（Neutral），可以用极小的代价操纵事件发展。

孔雀帝国覆亡后，我们发现"法论"发展出了一种全然不同的王权文化，与此同时，继孔雀帝国之后建立了中央集权程度较弱的帝国。新的发展自相矛盾：一方面以最强烈的方式推展王权的神性，也就是国王为人身之神，从婴儿时期开始就必须被视为神；另一方面，奉行正道征服（*dharmavijaya*），传播另一种权威有限、非直接统治的王权。军事征服的正当性并非来自战争的起因，而是源自被征服者所受的对待。正道征服者会让被征服国王复位，接受他的降服与进贡；非正道征服者则会夺走对方的财物、妻妾、家庭与生命，如他们所言，将其"连根拔起"，将被征服者的领土置于征服者的直接管辖下。若是远离这类的中央集权的统治，则会形成类似于巽加人与笈多人创造的朝贡帝国体系。帝国由整群小王国组成，通过向较大的、高度多元且松散统一的帝国纳贡而联系在一起。这类帝国处理的主要关系是王与王之间，而非王与平民之间的关系；它们之间常常通过战争来维持纳贡关系。如此，君主制与松散一统的帝国，成为古典时期的政治模式。

17世纪前往印度的欧洲旅行者以东方专制主义（Oriental Despotism）的概念来形容印度的政治形式。这一古老概念是亚里士多德提出的，用来解释希腊人与波斯人之间的差异：希腊人拥有私人财产和政治自由；而在波斯，每个人都是大王的奴隶，所有土地为大王所有，每个人拥有的土地都属于王土，大王可随时收回。文艺复兴时期，这一观念在形容奥斯曼土耳其帝国时再度兴起，它将私有财产与自由相联系，将产权不明与专制主义相联系。前往印度的旅行者也拿这两对关联来形容印度人，特别是莫卧儿帝国统治下的印度。其他人扩展了概念的外延，用来形容古代印度。

虽然古典时期的王权文化确实称颂君主统治的特色，但是，把王权文化描述成专制主义并不完全正确。社会秩序与等级制度并非国王创造；他不过是秩序的看护人与争议的仲裁者，如同第五章所言。事实上，王国由许多自治团体组成，这些团体由长老会管理，国王若未经邀请，不得干涉内部事务。我们已经看到种姓成员的言行由种姓会管理，除此之外尚有许多类似的团体，包括村落与商业行会。例如，在朱罗王国，我们看到各种情形：其中一个村的事务由地主组成的村落议会决定，在某个区域层级有农民会议，一名商人决定若干商业城镇的贸易事务，婆罗门议会

(*sabha*)决定某个庙宇的事务,等等。地方上的许多小型审议团体管理着地方事务,而国王仅扮演仲裁的角色。虽然国王仅向神负责,但也受到正法与习俗的约束。直到现代,国家的中央权力才能伸入社会体系的每个角落。

第七章
思　想

宗教
法律
科学
古典艺术文学

第七章 思　想

在以长期的视角了解了家庭、社会与国家的概念和模式后，我们需要进一步研究思想的体系：那些能体现古代与古典时期印度文明特征的思想和长期存在的思想。其中最重要的是宗教、法律、科学（主要是数学、天文学、占星术和语言学）与艺术。它们丰富而多样，但仍具有大体统一的观念，这正是本章试图探寻的对象。

宗教

我们已经检视了过往不同时期不同宗教运动与变化的兴起；现在，我们将采取长时段的观点，将宗教的模式作为整体来讨论。

我们需谨记，关于古代文明的大部分知识都是由特定的人记录的，他们独占了读写能力。在古代世界，读写能力是文明的推手，但并非平等的推手。在印度，这类人主要是婆罗门、佛教与耆那教等非吠陀宗教的僧尼、特殊种姓的抄写员和王室宫廷职员。可以说，我们主要是通过他们的眼睛，以及受他们喜好影响的文献来了解过往的。他们赋予古印度书面记录极浓的宗教色彩。现存文献中少有世俗文献，因此印度文明的许多方面仍是我们未知的。

我们对宗教了解甚多，大量的记录证明了宗教的重要性。印度宗教的历史纷繁复杂，人们很难对其做出有意义的总结。许多起源于印度的宗教传播到世界各地：佛教生根于中亚、东亚以及东南亚，印度教深刻影响了东南亚，耆那教则传播到斯里兰卡。印度宗教的故事对亚洲历史至关重要，并非仅限于印度自身。笈多王朝时代，世界上的佛教徒人数可能多于任何其他宗教的信众。宗教创造了一种国际社群，僧侣、祭司与学者纷纷从不同地区，乃至中国、韩国以及日本等遥远国度来到印度。这一早期的不完全的"全球化"，不仅留下了共同的故事、思想与艺术形象，还将印度的科学、法律观念以及艺术经典，随宗教一起传遍世界。

探究印度宗教史的概貌，又避免迷失于细节的方法之一，是专注于寻求并检视其体系。印度宗教似乎拥有三个循序产生的宗教阶段，我们可称之为祭祀、遁世和虔爱。每一个宗教阶段都有其独特的宇宙观、目的以及达成目的的方式，它们都给印度文明留下了长远影响。

祭祀

第一个宗教阶段开始于吠陀时期，即婆罗门吠陀文献中记录的祭祀。有些人将这种宗教信仰称为婆罗门教（Brahminism/Brahmanism）。如前所述，其宇宙观包含大量与天空有关的神即提婆，以及父祖或祖先。信徒的主要目的是在现世提升家族的健康福祉，并于死后抵达天堂或父祖的世界。而达成此目的的方法就是进行各种形式的祭祀，并将达摩视为永恒宗教法律、遵循其核心要求，即履行个人在四种姓社会中应承担的职责。正是达摩的不断完善确保了祭祀的长久影响。时至今日，仍可在印度教婚礼的核心仪式、其他一些与生命循环相关的家庭仪式以及祖先供奉仪式中，看到吠陀祭祀的遗绪。吠陀时期后，在整个古典时期，吠陀传统在"法论"文献中不断发展、完善。我们将于最后的章节进行讨论。

遁世

遁世宗教主要包含反吠陀宗教的佛教和耆那教，其特色我们已在第四章介绍过。然而晚期吠陀宗教的某些方面其实也能归于这一类，它们或在某些层面上预示了反吠陀宗教的出现，或为其出现打下了基础，特别是更加哲学化、非仪式性的文献，如《奥义书》与《森林书》。瑜伽派似乎也发端于吠陀宗教之外，与祭祀毫不相关，但由于在后世与吠陀宗教达成和解，故而并未被视为反吠陀宗教。此后，印度教将遁世作为个人完成家主职责后，可选择进入的生命阶段，将遁世宗教吸纳进了印度教的体系。而古典时期的核心哲学体系吠檀多（Vedanta），同样是由遁世僧团提出的。

这类宗教有时会被认为是"无神论"，因其并不认为神（God）是最高准则；但这是一种误解，因为他们并未否认众神和各种超凡的存在。当然，众神的重要性确实缩减了，他们不再具有祭祀信仰中拯救人类的能力；这时的他们如同其他一切生命，同样受到轮回转世及因果业报等宇宙法则的钳制。根据这种理论，人因为自己的行为（业）而处于无尽的生死轮回之中，而人的目标就是达到解脱，进入永恒的状态。对这一状态有不同的描述：乐观的将之描述为自由或融合的状态；悲观的则将之描述为孤独或消亡（身死如灯灭）的状态。达成目标的方法则是遁世（即放弃家庭生活）和冥想。遁世信仰的长远贡献就是轮回转世与因果业报的理论，它成了所有后续宗教与哲学体系公认的理论。这种理论以崭新的方式重新定义人生，成了印度文明的独特标志。

虽然"法论"中的祭祀传统支持着种姓制度，但遁世信仰成功地引起了对种姓制度的质疑。

虔爱

"虔爱/奉爱"一词译自梵文 bhakti,指的是信徒对主神的态度。历史上,印度教教徒也被分为毗湿奴派信徒(Vaishnava)和湿婆派信徒(Shaiva),故而在印度教中,虔爱可特指对毗湿奴或湿婆的态度。其他宗教也发展出了虔爱性质,特别是在大型佛教支派——大乘佛教中。虔爱宗教的宇宙观可大致称为一神信仰,因为印度教中的至高原则是一位普世主神。大乘佛教中也有相应的拯救者角色,即不同世或不同天的佛陀及菩萨,信徒可向他们祈祷。然而,一神信仰的说法并不十分正确(也许单纯地称之为有神论更为恰当),因为虔爱信仰并未否认其他众神的存在,只是降低了他们的重要性。与遁世信仰的不同之处在于,虔爱信仰中的主神超越了轮回转世和因果业报的法则,凌驾于其他存在或势力之上,其行动是完全自由且不受干涉的。神是宇宙中的真正自由者和原动力。

虔爱信仰的目的与遁世信仰并无太大差异,也包含跳出轮回。但作为以主神为中心的宗教,或许我们可说其重点更多地放在了与神合一,或是更理想地生活在神的面前,而非解脱与消失。达到此极乐状态的方式正如其名"虔爱"所示:将个人的命运完全寄托于神的仁慈,无祈无求地接受神的恩惠。实际上,虔爱采用各种方式膜拜(*puja*)神明,包括通过圣像和庙宇。后孔雀王朝时期以降关于兴建庙宇和制作圣像的考古资料说明，这种信仰快速发展到顶峰，并在古典时期成为主流。用于膜拜的圣像雕塑，以及用于供奉圣像的庙宇建筑，是艺术改良的主要对象，在古典时期达到巅峰。从笈多时期鹿野苑（Sarnath）的佛陀造像，及古典时期晚期精致的坎达里亚·摩诃提婆神庙（Kandariya Mahadeva）可见一斑。

虔爱主义为印度宗教思想贡献了"神恩的力量超越轮回"的观念。这意味着，即便是因业而持续受轮回束缚、不配蒙神恩惠者，仍可被神救拔。

印度宗教历史通过"累加"前进，而非通过"革命"，因此其体系与信奉《圣经》的国家的体系很不一样；后者大多否认此前存在的宗教，并要求信徒忠诚专一。例如，在基督教欧洲与伊斯兰教中东的宗教历史中，"异教"与基督教或伊斯兰教时期之间存在明确断层。当然，这种说法不是绝对的，许多欧洲基督教文化的特征其实就是前基督教信仰的遗绪，比如圣诞树等。然而就整体而言，无论是在基督教的自我表述上，还是在更广义的实践层次上，改宗基督教信仰对欧洲人的影响都是相当显著的。同样的情况也可以在中东地区伊斯兰化的过程中看到。然而，在印度，可以明显看到古老宗教与新宗教并存，这让印度宗教图像呈现出一种地质学特征，不同年代的"地层"相互并列。这一特征的原因正在于印度宗教并不要求忠诚专一，而是将其他宗教形式视为较低层次、但同样能实现解脱的途径。

印度教复杂而结构松散，缺乏中央机构来定义正统并确立一定程度的统一性。也许我们可以说印度宗教是一个大家庭：各种宗教共同成长，因此拥有共同历史与一定的相似性。某份试图定义正统的文献最后仅获得了一个让人沮丧的结论：不反对吠陀。这个标准仅排除了佛教与耆那教，因为两者都否定吠陀；但它包含了瑜伽派及其他教派——那些虽非源出吠陀宗教，却未否定吠陀权威的教派。这一对"法"的定义，体现了印度教的根本。

虔爱派印度教具有浓厚的大众宗教色彩，它包含社会各阶层中的大众宗教实践。祭祀则并非如此，作为雅利安人的"国民"宗教，它排除了首陀罗种姓和非雅利安人。遁世宗教也非如此，至少在早期阶段，它虽向众人开放，但仍由僧团或遁世修行者主导。在吠陀祭祀的理论中，仅有再生族的男性家主拥有进行祭祀的精神能力（adhikara）；但在数份印度教的主要文献中，参与虔爱宗教的人明显包含女性与低种姓。因此，女性书写的诗篇出现在印度教典籍而非吠陀文献中，也就并不意外了；此外，虔爱派印度教中也不乏低种姓的宗教诗人。

性别议题藏有许多细节，值得进一步探究。苏西·塔鲁（Susie Tharu）和K.拉利塔（K. Lalita）有一个研究项目：在自古以来所有印度文献中搜寻女性声音的出处——并非谈论女性的文字，而是女性的作品。他们发现古代存在一种显著的模式。女性书写的诗主要出现在三种古代文献中：古泰米尔宫廷诗（第五章讨论过的桑伽姆文学），一组由佛教尼众辑录的诗颂《长老尼偈》（Theri-gatha），以及女性虔爱派圣人所写的诗。相反地，没有或缺乏女性声音的文献有延续吠陀传统的"法论"以及梵文宫廷诗。在吠陀传统中，如我们所见，女性因在夫妻婚姻中具有高度价值而获得正面评价，但她们并非自主行动者；相对地，在泰米尔宫廷诗人、佛教尼众与虔爱诗人/圣人中，女性则拥有更大的能动性。此外，在这三类文献中，低种姓者也贡献卓著。换句话说，比起吠陀传统，这三个团体更大众，更具有社会包容性。如此，吠陀传统与后孔雀王朝时期较新的虔爱宗教的融合，正代表着吠陀传统社会基础的扩大。

倘若虔爱主义有如此大众，我们必须问，为何它未能在后孔雀王朝时期之前崛起呢？答案可能就在于大众宗教与婆罗门、佛教僧尼和抄写员这一阶级之间的关系。这一阶级垄断了现存文献的写作权。后孔雀王朝时期，似乎也是这一阶级创造了"印度教大融合"，调和了大众宗教与吠陀传统，并将这个融合用文字记录下来。这种融合形成的方法与毗湿奴的化身和湿婆的家族成员的产生方式相同：将过去独立的、地方性的崇拜对象整合在一起。

毗湿奴是吠陀时代已知的神祇，但仅处于次要地位，直到后孔雀王朝时代，才发展成为主要神祇。毗湿奴的通常形象是：倚靠在多头眼镜蛇之上,世界创造者梵天则从他的肚脐出现;或是四臂立像,手持法螺、神轮、神杵与莲花,并与巨鹰迦楼罗并列。毗湿奴拥有十种化身,或者说十次下凡事迹,在不同的世界与时代显现为肉身,击败恶魔并拯救良善:鱼,在大洪水中拯救摩奴、七贤人与吠陀;龟,成为众神与恶魔搅动海洋的搅棒,以获取沉于洪水的珍宝;野猪,拯救大地女神免于洪水;人狮,杀死魔王毗罗尼亚伽西婆;矮人,吠陀时代的毗湿奴;持斧罗摩,杀死压迫婆罗门的刹帝利,并 21 次清理世上的刹帝利;阿逾陀的罗摩王,借着猴王哈努曼的协助,由兰卡魔王罗波那手中救回妻子希姐;黑天,史诗《摩诃婆罗多》中阿周那的战车手,也是中世纪牧牛女的吹笛爱人;佛陀,有些文献宣称,毗湿奴以佛陀的形象现身,引领恶人落入旁道;未来的化身迦尔吉,身骑白马,手握火剑,赏善罚恶,重建黄金时代。在中古时代,特别在北印度,罗摩与黑天是最重要的两个化身,毗湿奴派信徒对两者特别虔诚。

这些故事似乎来自不同地区,然后被以化身的名义整合到毗湿奴身上。类似状况也发生在湿婆身上,虽然并非以化身的形式,而是以湿婆本人或其家庭成员的不同面相呈现。湿婆似乎也是源于吠陀的次要神祇,其地位同样在虔爱宗教时代获得大幅提升。因此我们看到湿婆作为瑜伽之神,以弃世隐士之姿双腿盘坐在虎皮上,缠绕的发间装饰着新月,戴着以蛇或骷髅串成的项链，手持三股叉；湿婆也是美丽的雪山神女帕尔瓦蒂的英俊丈夫；湿婆作为舞蹈之神，立于恶魔背上，四臂与发丝在光环中飞扬；还有非人形象的化身林迦。湿婆的妻子也有不同面相，包括美丽的妻子帕尔瓦蒂与刺杀牛魔王的狂暴女神杜尔伽。湿婆与帕尔瓦蒂的儿子塞犍陀是骑着孔雀的英俊武士，与南印度的达罗毗荼神祇穆如干神同化。另一位儿子——骑着老鼠的象头神伽内什，则擅长移除阻碍，因此人们在旅行、写书或考试前，都要祭拜象头神。毗湿奴的化身和故事，以及湿婆家庭的诸多面相，在古典时期转化成一部神话集，名为《往世书》，并为古典绘画雕塑、音乐舞蹈及中世纪诗人（圣人）提供了大量的创作素材。

可以说，作为印度教产生的源泉，宗教崇拜并非是后孔雀王朝时期才形成的，只是到这时才转化为书面形式，其起源应该更为古老。而这又引发了新的问题：如许多学者观察，印度河文明的遗留物与历史上印度教的遗留物具有很大的相似性，尤其是对湿婆和女神（Devi）的崇拜方面。倘若古老文明与后孔雀王朝时期的印度教之间真的具有连续性，那么发展为印度教的众多元素很有可能可以追溯到南亚的新石器时代。如果我们从吠陀时期前的印度河文明宗教信仰开始研究，印度宗教历史的结构将呈现完全不同的面貌。

宗教光谱

古典晚期的宗教光谱非常宽广多样，因此我们无法将印度的或哪怕只是印度教的思想简化成一系列普遍的学说。这种多样性一方面是因为印度宗教历史的叠加性，一方面是因为印度没有统一的宗教机构来定义正统、惩处异端。印度宗教一般认为，不同个体拥有不同的精神能力，需要独特的宗教修行方式。每个教派都宣称自己的方式优于他者，但也承认，当信徒的精神水平不足以进行更高层次的修行时，其他教派的方式有助于提升个人的精神层次。

这种对于不同宗教体系的包容态度，有时并不能阻止教派争论愈演愈烈，但可以让古老的宗教思想在相抵触的新思想崛起时存续下来。因此，古典晚期的宗教剖面就像一柱地质岩心，可以分辨出不同时期积累的地层。而对王室来说，不去压制王国内存在的任何教派，在某种程度上雨露均沾地给予支持，反而更便于治理人民。因此没有任何一个古印度王国拥有单一国教，无论国王个人的宗教倾向如何，所有宗教在一定程度上皆受王室"支持"。以下通过简要篇幅，让大家进一步了解古典时期宗教的多样性。

古典印度晚期，吠陀传统依靠"法论"得以延续；如前所述，"法论"阐明了社会上层阶级（即"再生族"，指可以通过入法礼使精神再生的婆罗门、刹帝利与吠舍）的宗教职责。这些职责恒久不变且不能违背。当然，我们已经注意到，"法论"也必须不断调整以适应席卷印度社会的宗教观念变迁。许久之前,"法论"就已经与素食主义和出家生活等遁世者的理想言和,即使后者挑战了吠陀家主结婚、繁衍并向神祇与父祖献祭的职责。这种调整体现在人生的四行期(ashramas)中。再生族在入法礼后首先进入第一行期,即梵行期(brahmacharin,吠陀学生期),向导师(guru)学习。接着他将结婚并进入第二阶段,也就是家居期(grihastha,家主阶段)。从家主职责退下后,他可以住在丛林草屋中(vanaprastha,林栖期),以采集野果维生,于树下冥想。最后他可以进入第四阶段,即遁世期(sannyasin,游方隐士),沿路乞讨食物,从不在一地停留两晚。对于所有再生族来说,只有前两个阶段是必须经历的,而后两个阶段只有在家主职责已尽时,才可选择性进行。

除了罗列前述职责的法律经典外,对吠陀本集与《梵书》进行注解的学问被称为弥曼差派(Mimamsa)。弥曼差派曾试图指出经典中再生族应遵循的仪式规定。因此,即使在古典印度晚期,吠陀宗教仍旧活跃,仍有国王继续举行马祭及其他高等仪轨,虽然印度教寺庙与圣像的祭仪更受欢迎。

这一时期最能代表遁世信仰苦行传统的是8世纪南印度婆罗门大哲学家商羯罗(Shankara)。商羯罗代表的哲学传统被称为吠檀多派(Vedanta),意即"吠陀的终末",指的是吠陀的最后一部分,也就是《奥义书》。商羯罗主张不二论(Advaita),重申真正实在的"梵"(Brahman)的不二性以及它与自我(atman)

的同质性，并认为现象世界的幻象或欺骗（maya）让凡人误以为事物间的差异是真实的。只有对梵的真知能驱散幻象，并使人从轮回中获得解脱。吠檀多派补充了"法论"与弥曼差派。如同这二者，吠檀多派也根植于吠陀文献，但"法论"与弥曼差派定义的是已婚家主的吠陀职责，而商羯罗的不二论吠檀多面向的则是已然遁世、超越吠陀职责、追寻上知的遁世者。商羯罗哲学受佛教影响甚深，虽然他坚信内心深处自我的实有，而佛教徒则否定恒久灵魂的存在。无论如何，商羯罗致力于调和婆罗门传统与遁世宗教，并降低了佛教与印度其他宗教的对立性。

同一时期，印度教虔爱主义也在南印度的帕拉瓦王国和朱罗王国中蓬勃发展。毗湿奴派与湿婆派的圣者，即阿尔瓦（Alvar）与那亚那（Nayanar），通过以泰米尔语唱颂的爱神诗歌，广泛传播情感强烈的宗教。这类圣者并非全是婆罗门男性，其中部分是女性，部分是低种姓。因此，这项运动获得了广泛的大众支持，这是排外的婆罗门正法教义和遁世教义无法企及的，也不想得到的。然而，在诗人/圣者的时代之后（特别是7—9世纪），南印度的虔爱运动一方面产生了结合自身教义与史诗性神话的梵文经籍《薄伽梵往世书》（Bhagavata Purana），另一方面产生了婆罗门学者罗摩奴阇（Ramanuja, 11—12世纪）提出的二元论（Dvaita）吠檀多神学，试图展现虔爱主义源于吠陀典籍，由此，南印度的虔爱运动更加靠近婆罗门正统学说。在保守的婆罗门眼里，寻求声望是为了重新确认信众群体内部种姓差异存在的精神基础,而这些区别在虔爱派诗人-圣者们看来,往往只具有社会意义,不具有超然的意义。但同时通过婆罗门神学家的游历,虔爱运动由单纯的区域性的运动发展为全印度的运动,后续突厥人治下开启的北印度虔爱诗人/圣者的伟大时代,正是受到南方导师的启发。

虽然印度教徒虔爱信仰的主神为毗湿奴与湿婆,但对提毗女神的崇拜也在古典晚期逐渐兴起。也许我们可以将密教(Tantracism)或以女神为核心的性力派(Shaktiism)称为印度宗教历史的第四个"宗教阶段"。这种宗教继虔爱主义之后,在古典时期和古典时期晚期崭露头角。它是印度教与佛教的神秘主义派系,由高阶信徒奉持修行。提毗通常作为湿婆妻子的不同形象显现(帕尔瓦蒂、杜尔迦、迦梨)。哲学上,女神是湿婆神力或性力(Shakti)的体现,湿婆若少了女神,仅是缺乏生气的躯壳,因此湿婆与其性力的性结合,成为生命圆满的象征。这类女神信仰崇拜带有某些魔力色彩,仪式经常在火葬场或十字路口等不祥之处举行;在夜深时,以酒、动物祭品甚至人血献祭。女神崇拜或性力派也许延续了印度河流域的母神信仰。无论如何,几乎所有印度村庄都会向女神祈求无病无灾;这类信仰无疑也很古老。虽然提毗通常是湿婆的配偶,但任何神祇发挥的力量(他的性力在文法中与神话中都是阴性的)都可拟人化为其配偶。印度宗教中多数支系,包含佛教在内,或多或少都受到性力派影响。

第七章 思　想

　　密宗代表着包含大女神信众在内的那些教派：他们通过蓄意违反社会伦理的仪式实践来寻求解脱。例如"五M"仪礼（五种享乐，*panchamakara*）：信徒饮酒（*madya*）、食鱼（*matsya*）、食肉（*mamsa*）、干谷（*mudra*），并进行性交（*maithuna*）。这类仪式通常在隐秘处举行，仅有教派中最资深的成员参与。他们的目的并不是要改变当时的道德观，而是要把敬神者的地位抬升到传统的赞颂、责备的情感之上，抬升到家庭荣誉感之上，通过刻意打破仪礼（而非日常生活）中的禁忌，来从轮回之轮中解脱出来。他们的力量全然来自这样一个事实，即广大男性并不赞同饮酒、食肉与婚外性行为。这些教派明显很小众，且受到主流社会的高度指摘。然而，早在公元1世纪，我们就听闻类似的实践，在古典时期晚期，他们的吸引力逐渐增强。人们越来越相信，在乱世，人性开始堕落，禁欲的吠陀祭祀中的严格要求已超出了当前人类的能力，因此，婆罗门把密宗作为一种适应人性弱点的宗教，给了密宗一席之地。而密宗信徒则认为吠陀的祭祀、冥想和虔爱主义是行之有效的宗教修行，尽管这些是次一级的，适合新手或宗教能力不高的人修行。然而，长远来看，密宗也取得了令人尊敬的地位。我们在文献里得知，早在戒日王时期，虔诚的王子和公主们参加明显带有密宗色彩的宗教仪礼，但这些仪礼并不违背道德。密宗里更有地位、信众更多的派别被称作"右道"，他们用无害的象征物替代了禁忌物，或者干脆忽略了更令人反感的仪礼，比如"左道"的顽固派别依旧实践的 5M 仪礼。

法律

前面我们已经数次谈到法（dharma，宗教法律）和被称为"法论"的大量文献。此时我们需要思考古印度的各种法律以及法在其中的位置。首先需要说明的是，我们并未在其中发现当代世界普遍认同的主权在民思想：文献没有提到政府的权力来自人民；也没有提到法律是人民的意志，由人民代表在立法机关制定并不断修订。古印度最接近立法机关、根据人民代表的意志制定和废止法律的实体，是各种地方团体和部落共和国的议会，它们本身具有民主性质。

印度文明拥有多种法律形式，其中三大主要类型是达摩（dharma）、习俗与王室谕令。达摩指的是永恒不变、普世适用且不受时空限制的道德法。不像《圣经》，印度文明的道德法并不被视为某位神的意志，而被认为是自存的、不变的，是宇宙不变秩序的一环。

dharma 一词也可用来指称传统习俗，在这个意义上，可以使用复数形式。开头大写的 Dharma 指的是唯一的、普世的、永恒的法；相对的，氏族（kulas）、种姓（jatis）以及地区（deshas）的习惯法性质的 dharmas 则数量繁多而不普世，但可以被认为是不变的。

习惯法具有约束力，但其效力仅限于相应的氏族、种姓和地区。

王室谕令指的是国王推行的法律，展现的是国王的意志，维护的是王国利益。这类法律具有权威性，可以否定达摩和习俗。在王国范围内，王室谕令不受限制，但其并未累积成一部永久法典。总而言之，达摩是永恒普世的，习俗与达摩的区别在于习俗不是普世的，谕令与达摩的区别则在于谕令不是永恒的。接下来让我们进一步了解这三种法律。

达摩（Dharma）

我们该如何认识达摩的内涵呢？最早且最好的材料就是吠陀，或者说"天启"，字面上指的是古代贤者的"听闻"。在古典时期，吠陀被认为是自存的、不变的，因此，由吠陀而来的达摩也具有这些特质。人类所知的吠陀仅为永恒吠陀的残篇，是经由贤者"听闻"而来的。这种天启的片段随着时间流逝而遗失，因此相关的知识也是不完全且不断减少的。

事实上，吠陀包含祭神赞歌、神话故事以及祭祀仪轨指导，道德法的分量极少。为了从吠陀中抽出法律文字，逐渐发展出了一种从大量文本中筛选出相对稀少的真正律令的方法。仅有概括性陈述（不关于特定事件或人物）且以"应该……"句型陈述的文字，才能被视为律令，例如："想要上天堂，应该祭祀。"即使是同样的陈述，一旦其中存在与所述行为有显而易见的因果关系的利益，它就不再是达摩律令了。只有当一段吠陀文本缺乏可见利益时，我们才能根据因果业报的法则判断，被规定的行为有不可见的无形的因果。以下列两段关于婚姻的文本为例。第一段文本："男性应迎娶未患疾病且性格良好之女性。"此文本仅陈述明显事实，不遵守这段世俗建议将导致不幸。因此，这段陈述并不是达摩律令，若不能遵守也不会产生恶业。另一段文本则不同："男性应迎娶非近亲且不同父系氏族的女性。"因为不遵守此规定并没有明显可见的惩罚，所以便可判断，在因果业报的原则之下，违反规定与惩罚间存在不可见的关联，这条规定也因此可被视为达摩律令。违反此律令将招致因果业报法则下的恶果，且由于"不可见"之故，因（违反律令）与果（例如转世成较低阶级）之间具有时间上的延迟。

由于吠陀知识的碎片性，在吠陀未涉及的部分，我们必须求助于其他资料：传承（smriti，正直和良知的传统）。传承字面上指"被记住的"，包含了后吠陀时期的法论文献。比起吠陀本身，这批文献是更为全面、完整的法律文献。传承文献包含附属于吠陀学派的散文体规范——法经，以及后世更大型的诗体法律典籍，如摩奴、耶若婆佉（Yajnavalkya）等人的著作。古典时期进一步的达摩文献写作是针对基本文献进行评论，或围绕主题汇编各种达摩文献的法条，这些文献统称为法论。

通过这些文献，我们可以将达摩的内容简单分成几类。首先最重要的是关于种姓与行期（生命阶段）的达摩，即种姓行期法（varnashramadharma）。其内容自然是阐述婆罗门对于不同社会阶层承担的道德职责的观念，包括家庭生活、种姓之间的关系，以及占据很大篇幅的"王法"（rajadharma），即王的职责。此法之下的职责明显根据个人的社会角色而高度差异化。作为道德法，其约束力是无形的因果业报。此外，虽然种姓行期法受到国王的支持，但其中的大部分并非成文法。

达摩的第二类是"争议"，主要关注人际关系的契约层面，也就是人们作为自主个体达成的约定而衍生的争议。据说争议有十八个分支：欠债、抵押、无所有权买卖、合伙、收回赠礼、拖欠薪资、违背契约、买卖反悔、牛主人与牧牛人的纷争、边界纠纷、人身伤害、诽谤、窃盗、抢劫和暴力、通奸、夫妻义务、遗产分割以及赌博。许多内容虽然跟不同种类的契约有关，但也有窃盗、人身伤害等更像刑事犯罪的行为。这些争议确实会上呈到王庭之上仲裁，但只能由受害人提出，而不能是代表受害人的公诉人。因此，这些问题更像是通过法庭解决的私人争议，而非由国家向犯罪者提起公诉的刑事案件。最后，法论中的一小部分，即"拔刺"（removal of thorns）对我们而言可能像由国家起诉的真正刑法，多数都与直接危及王国的行为有关。

由于Dharma本身永恒不变，导致了欧洲人对印度社会的贬义评价，认为它缺乏变化，不能与时俱进。然而，通过对其进行诠释，达摩的内容是可以根据社会情况的变化而进行相当程度的调整的。调整的重要原则之一为是否算是"斗争时代不允之事"（*kalivarjya*）。在这一原则之下，从第四章已描述过的第四时代人性堕落角度出发，吠陀规范应行却不再受到欢迎之事，就得视为"斗争时代不允之事"而加以禁止。例如，印度教中禁止杀牛、禁吃牛肉的规范，正是此原则的典型范例。吠陀礼仪要求宰杀并火烤公牛以招待宾客，而通过亚历山大时代的历史学家我们得知，直到公元前4世纪，这项传统仍存在于塔克西拉。吠陀时期的人们高度重视牛，所以才有这种向客人表达敬意的礼仪要求。然而，在耆那教与佛教及其不杀生的观念兴起后，素食成了高种姓遵循的规范，极受重视且被神圣化的牛变得尤为不可侵犯。可见，诠释方法会根据价值观的改变来调整永恒不变的达摩。

习俗

各氏族、种姓和地区皆有古老的习俗，它们拥有法律效力，当争议被提交王庭仲裁时，它们同样受到支持。国王不得为了改造社会以使其符合正法而干涉习俗。习俗并未被记录成书：由于习俗是根据当下情况而定，且具有地区性，法论虽然注意到了习俗的存在，也尊重其权威，但没有记录其内容。习俗主要存在于所属群体的共识与记忆中，通过管理群体行为的各种地区性议会获得约束力。典型范例有喀拉拉邦纳亚尔人的母系传承，以及南印度所有种姓实行的交表婚。

谕令

如同第五、六章所述，国王凭自己的意志进行立法的能力不受任何宪法约束，尽管他在立法与判决时会受因果业报法则的约束，并可能在来世受到惩罚。王室谕令的典型范例是刻在岩石和石柱上被保存至今的阿育王谕令，然而整体而言，我们仍缺乏大量古代王室谕令纪录，而多数刻在不易毁坏的石材或铜材上的铭文，是关于向宗教机构赠送土地的，而非谕令。同样，因为谕令的非永久性，法论并未记录这类法律，因此我们对它的实际状况仅有粗略的了解。

国王与法律的关系是矛盾的。在制定法律上，国王拥有全然的自由，而子民必须完全遵守王定律法。此外，由于国家的生存依赖王室谕令，因此跟习俗和达摩相比，王室谕令拥有优先权，毕竟国家如果灭亡了，习俗和达摩也就失去了意义，无政府状态将会横行。无政府、无君主的国家遵守"鱼类法则"（matsyanyaya），也就是大鱼吃小鱼，国家将由权力控制，而非达摩。最后，国王同时拥有行政权与司法权，因为国王是正义的源泉，无法直接解决的争议会被提交至他或他所聘任的法官面前，以得到解决或仲裁。因此，作为确保王国延续的权宜之计，国王拥有无限的权力。然而，国王的权力会随其消失，对后代影响甚微。此外，国王看似无限的权威，实际上受到习惯法与更高权威的达摩的高度限制；两者都是国王必须支持却又非其所定的法律。目前为止，现代国家的权力和社会改革方案都比王室谕令更为强大。

至此，我们可以看出，印度文明的法律是多元的，它允许很大程度的地方自治，并由国王法庭的仲裁和司法权力松散地统合在一起。

科学

在吠陀时代末期，典籍都是以适合背诵的简短散文形式写成的，被称为"经"。这种对吠陀仪式中重要问题的高度精简的正式论述，就是印度最早的"科学"。这里的"科学"一词泛指系统化的知识。吠陀科学［名为"吠陀支"，意即吠陀的"肢体"］分为六类：

宗教仪轨（劫波 *kalpa*）

语音学（式叉 *shiksha*）

韵律学（阐陀 *chandas*）

词源学（尼禄多 *nirukta*）

语法学（毗迦罗那 *vyakarana*）

天文学（树提 jyotisha）

吠陀祭祀的特色之一，在于掌握吠陀咒语所用语言的重要性，因为仪式的成效取决于咒语诵念的准确性。因此，至少四项以上的吠陀科学都与语言相关（语音学、韵律学、词源学及语法学），此外语言分析也成了古印度文明比其他文明更先进的学科。其他特别突出的科学领域有天文学、占星术和数学，在吠陀科学中，三者被统称为天文学，其仪式功能在于确认祭祀的适当时刻。古典印度时期第三类高度发展的"科学"是法律，我们已经讨论过了法论，而在吠陀支中，其代表则是《劫波经》（*Kalpasutra*，宗教仪轨知识）。劫波知识可分为四支：家祭（*grihya*）宗教仪轨、公祭（*shrauta*）宗教仪轨、几何学（*shulva*，关于火坛的布局）以及法（*dharma*），四者各自有其经书。法经是法论文献的最初部分。第四类重要科学，也就是医学，并未出现在吠陀支中，它被称为阿育吠陀（Ayurveda）或生命吠陀，源自第四部吠陀《阿闼婆吠陀》中的医疗咒语并形成了自己的文献。

因此，所有古印度科学都发展自吠陀祭仪的重要内容。当吠陀祭仪实践的重要性逐渐消逝，这些科学便脱离吠陀的古老支派而自行发展，但婆罗门与僧侣等有读写能力的阶级控制着正式宗教知识及其规范，所以这些科学难免受影响。

在古典时期，印度教徒将六种世界理论或者说哲学体系

（darshana）视为正统派，相对地，佛教徒与耆那教徒则各有自己的理论。这六个哲学体系为：

正理论（Nyaya），逻辑

胜论（Vaisheshika），原子论

数论（Sankhya），演化论

瑜伽（Yoga），冥想

弥曼差（Mimamsa），祭仪与达摩的理论

吠檀多（Vedanta），不二论

它们的目标都是灵魂解脱，可以说，古典时期所有正统哲学都带有强烈的实用目的，当时的信徒都专注于此。换句话说，六派哲学既不是拥有自身目标的知识体系，本质上也不是以科技或人为干预为导向的。然而，部分体系的内容对于现代科学知识的形成，似乎有所助益。

胜论派认为，自然的最基本要素是原子。四大元素——地、水、火、风——皆有其自身特性（visheshas），当两个或三个原子结合成一个分子时，各原子的性质自然也被结合在一起。例如蜡可以熔化（水）与燃烧（火），因此蜡即为这两种元素的复合体。此外，有四种不具有任何性质的非原子物质：时间、空间、灵魂以及心智。原子虽然永恒存在，但当世界解体时，它们也会彼此

分离，而当造物者重新创造世界时，原子也会再次形成复合体。原子是没有质量的点，也没有体积。部分佛教教派的原子论中，原子不具时间维度，因此仅存在一刹那；世界的发展则是源源不绝的刹那，无数的原子在其中不断形成、消亡。与佛教世界无常（*anitya*）的教义一样，不包含任何延续性物质。数论者的理论，则解释世界各部分如何由未显状态的原初物质演化出来，是宇宙演化的理论。

接下来让我们进一步认识古典时期的科学（"法"已于本章第二部分谈过，略过不论）。

天文学 / 占星术 / 数学

吠陀天文学的基础是27或28个星座（*nakshatras*），经过这些星座，月亮在自己的轨道上运行，每27太阳日7小时45分钟运行一周。这套早在公元前第一个千禧年中就已经建立的体系，与美索不达米亚的星座有极高的相似度，但与此后根据太阳一年的轨迹而建立的黄道十二宫体系不同。黄道十二宫体系最初由古巴比伦人创造，接着被印度人采用。和希腊人一样，印度知识分子明显在远古时代就参与了以美索不达米亚为中心的天文、占星和数学思想的国际交流，因此，黄道十二宫、以可见行星及日月为名的工作，以及星座造像等与之相关的天文艺术，成了包括印度在内的亚欧大陆广大地区的共同智慧财富。笈多时期的天文学保存在名为《历数书》(Siddhantas)的典籍中，其中两者的名字显示了其与地中海区域的联系:《罗马伽历数书》(Romaka Siddhantas)与《普利沙历数书》(Paulisa Siddhantas，因亚历山大里亚的保罗而得名)。某些希腊的专业名词也被纳入梵文，包括小时(hora)、中心(kendra)与角度(kona)等。

印度人充分地利用了天文学和占星术的知识，其成果主要体现在数学上。古印度最伟大的天文学家阿耶波多(Aryabhata，活跃于公元499年)提出地球是球形的，行星和太阳绕地球运行。在他的著作中，我们发现以下成就：使用9个符号及0，即数位的概念，使计算变得更加容易；计算数字平方根与立方根的方法；代数，例如图形面积、物体体积的计算和未知数的求解；正弦函数，也是最初的三角函数(后为伊斯兰学者继续发展)；以及圆周率的发现。印度数学传向中东，又传到欧洲，给我们留下了今天仍被称为阿拉伯数字的符号。直到14世纪开始采用实为印度数字的阿拉伯数字之前，欧洲人仍在使用笨拙的罗马数字进行计算。

语言学

据我们所知，印度人的语言分析纯然源于本土，而且不同于天文学，并未明显受到其他古老文明的影响。语法学领域最重要的大师是波尼尼(Panini)，他生活在公元前4世纪的印度河上游流域，即今日的巴基斯坦。波尼尼的著作清楚地总结了许多前代的分析成果，实际上，语言分析是吠陀导师最早致力的科目之一。《波尼尼经》有两大特点，对语言进行精确的语音分析、将单词按字根与衍生规则进行分析，这是波尼尼的专业。他的著作以隐晦的经文书写，使其如同计算机程序一般精炼。

虽然古印度的语法学高度专业化，除了专业人士外其他人不得听闻，但其对梵语等印度语言的字母顺序却有重要影响。这种合理的顺序，明显体现了先前的语音学分析成就，其结果是婆罗米字母的形成。这种字母，最初发现于阿育王铭文中，但其形成或许更早一些。婆罗米字母是多数现代印度字母，包括梵语和印地语的字母"天城体"的源头。通过这种字母，梵语的字母与发音得以一一对应。

印度书写体系随着佛教与印度教，传到中国西藏、中亚、韩国、日本，以及许多东南亚国家，主要是缅甸与泰国，这些国家都有以印度字母为基础发展出来的字母。佛教与印度教传到的国家，还将印度语语法作为模型，发展本土语言的语法。中国语音学家在通过建立音韵字典复原古代经典的发音时，也参考了印度的语音学。

18、19世纪的欧洲学者开始熟悉印度语法学的同时，还发现了梵文与希腊文、拉丁文的相似性，由此形成了历史语言学，对现代语言学的形成影响甚大。

医学

印度的阿育吠陀体系与希腊的体液学说有一些相似之处。希腊的体系包含三种体液或者说流体，即呼吸、胆汁与黏液，在此基础上，印度的体系又增加了第四种体液——血液。体液不平衡是疾病的主因。印度医学在亚洲素负盛名，如同希腊医学在地中海地区一样。印度医学非常注重饮食疗法，但并不进行解剖研究；其生理学是哲学性的，而非观察性的，主要与冥想和自我认识的理论相关。

在总结印度文明科学发展的整体特色时（这里的科学指正式的、系统的知识），我们发现其独特之处不在于"非世俗"或"非实证"的性质，而在于其改善世间生活的方式——通过发展宗教仪轨而非发展机械科技。因此，从美索不达米亚和地中海地区融入印度的思想，主要是关于星座与历数的，以确认历法仪式的时间，并协助确定吉时和凶时。仪器方面的联结则十分有限。科学知识整体上带有宗教特质，这与读写能力多半由宗教专业人士控制有关。印度人为国际科学的发展做出了巨大贡献，特别是在数学和语言分析方面，许多发现至今仍在使用。

宗教庇护直接孕育科学发展，但也导向其他层面。希腊化时期学者托勒密的作品正是很好的案例。托勒密参考美索不达米亚数千年的天文观察成果和占星思想，完成了关于天文、占星和地理的著作。托勒密以经纬度为坐标绘制的地图在印度与伊斯兰世界十分知名；文艺复兴时期，欧洲地图制作者复兴了托勒密的地理体系及其天文学和占星术。出于占星及历法建置需求，印度人运用托勒密的经纬坐标系统确认了数百个地点，以控制宗教仪轨的时间。然而，古印度时期遗留下来的地图很少，存留下来的都不是以这种经纬坐标系统制作的。如果这类地图过去被成功保留下来，那么很可能会对当时的国家土地税收机制有所帮助，然而，它们并没有流传下来，也没有为印度地图制作技术的发展做出贡献。我们现在可以看到的地图多是宇宙观的或朝圣路线图，与中古欧洲地图类似，有明显的宗教色彩。

古典艺术文学

后吠陀时期的梵语文学和宫廷诗歌一同采纳了印度教及其他虔爱宗教的神话与宗教灵感。记录印度教神话与教义的《往世书》*，起源于古代国王的英雄故事。世界最长的史诗《摩诃婆罗多》**，约有10万颂，是吟游诗人讲述的吠陀时代古老俱卢王国王

---

* 一共有18部大往世书，主要是描述印度教神祇起源的故事。——编者注
** 在《格萨尔王》被发现前，《摩诃婆罗多》被认为是世界上最长的史诗。——编者注

子们相互残杀的故事，婆罗门编者又将大量对话形式的宗教材料融入其中。《摩诃婆罗多》与主要的《往世书》都是在笈多王朝治下的第一个世纪完成的。略晚出现的是较短的史诗《罗摩衍那》，此诗用2万颂讲述了阿逾陀国王罗摩的故事。罗摩是贤德王子的典范，被公认为毗湿奴的化身之一。

古典时期梵语文学的代表作品有人文主义倾向，虽然取材自《往世书》和史诗的主题是宗教性的，但其更重美学效果，而非宗教训示。这类文学被称为诗（kavya），即古典宫廷诗。这种诗通常以熟悉的传说作为主题，因为这些故事已广为人知，诗人主要致力于使故事的诉说方式更加优美动人，而非使情节更新颖。因此，更注重语言的平谨与修饰，诗人广泛结合明喻、暗喻、双关、头韵、细密韵律、典故及其他声韵与词义上的技巧，向观众展现人物情感的韵味（rasa）。诗的主要类型有宫廷史诗、戏剧、诗选及王室赞颂，在"信使诗"中，爱人召唤自然力量，例如用云朵来传送讯息给心爱的人。

这种诗（kavya）形成于前笈多王朝时期，约在公元1世纪。这一时期，俗语（Prakrit）宫廷文学广泛发展，一部知名的俗语爱情诗选据传由一位百乘王朝国王所作（哈拉王的《七百咏》）。泰米尔的桑伽姆文学也于同时间发展。据说贵霜帝国的迦腻色伽王曾是马鸣（Ashvaghosha）的护持，马鸣所写的《佛所行赞》（Deeds of the Buddha）是现存最早的梵语诗（kavya）。石刻铭

第七章 思 想

文中的诗（kavya）王室赞颂也早于笈多王朝时期。古印度人心目中最伟大的诗人是迦梨陀娑（Kalidasa），他在旃陀罗笈多二世的宫廷大放异彩。笈多人的梵语铭文和法律文件，以及王朝诗人的梵语诗，受到属国与邻国广泛仿效，再加上梵语长期以来都是婆罗门使用的语言，到笈多王朝统治结束时，梵语已成为宫廷语言的典范。

雕塑、绘画及建筑也在笈多王朝时期发展出经典形式，通过海护王的金币、鹿野苑佛像及瓦长塔长王朝资助修建的阿旃陀佛教石窟（Ajanta）中的壁画，可见一斑。

所有古典印度时期的美术都有正式、书面化的理论依据；事实上，古印度的美学理论［梵语称为庄严论（Alamkara Shastra）；泰米尔语称为波鲁尔（Porul）］，特别是诗学理论高度发达。美术在印度以外的王国特别受到喜爱，因此大量向外传播，并与当地文化融合。

奠定印度古典时期正式知识体系的宇宙观，认为世界受到时间中各种变化的影响，而永恒和真实则位于时间和受制于时间的现象之外。只要思考的主体处于世间，它就可以被定义为某种过程（例如进化、衰退或循环重复）。这一趋势的极端是佛教。佛教强调世界的无常，即使是轮回本身也被分解成一连串的刹那状态。另一方面，如何从世界轮回中解脱并进入轮回之外、永恒的真实领域，则受到高度重视。受这种观念影响，梵语从历史与变化中脱离出来，被视为永恒、不变的存在，因此，梵语语法分析呈现出一种结构性而非历史性特质，对达摩（Dharma，首字母大写，有别于受到时间限制的地区、氏族及种姓之法）来说也一样。古代与古典时期印度的知识分析具有特殊的敏锐性，主要就是因为系统化的方法和深入的探究。

第八章
印度文明与世界

中亚
东亚
东南亚
中东与欧洲

我们可以说文明在其周围投下"半影",如日食或月食时形成的半影区。这一比喻可以帮我们更好地理解印度之外的广大世界因受到印度影响而留下长久印记的样貌。在本章,我们将逐一讨论这些影响。

然而,同时我们也需谨慎,切勿受到这一比喻无意中形成的误导。首先,亘古以前,印度文明占据着特定的空间,被称为印度或婆罗多(Bharata),但其界线是模糊的,并不像当下民族国家的国界一样清晰。其次,在这空间里,印度文明并不是均匀分布的,换句话说,印度内部也有其中心与边界。最后,与其将过去的印度文明视为某种"实体",不如将其视为一个过程,这个过程包含了文明的起源,以及由宗教机构、宫廷与贵族等中心向外扩散的文化形式。这些信仰与改良的开创性实践,吸引了邻近人口的仿效,进而成了在印度内外都颇具影响力的中心。因此,在运用半影区这一比喻时,我们不能将印度文明想象得同日、月食的半影区一样同质均一。

同时，印度文明的半影区也并非三言两语可以描述的。我们必须了解，印度对之外的宽广世界的影响，是印度人与他者双向互动的过程。他者并非印度文化的被动接收者，而是印度文化传播过程中的积极合作者。接下来，我们该如何看待这些过程呢？

印度文明半影区的惊人之处在于，大多数情况下，它不是通过战争或迁徙来传播的。印度文明的主要传播途径，是贸易以及外国政权对印度宗教与宫廷文化的吸收。然而，即便是这种说法也太过简单化了，不足以概括印度文明在其本土之外的复杂性。受地区文化和政治环境的影响，传播到不同地区的印度文明也就体现出不同的特征。想要准确了解各地印度文明的情况，我们必须分别检视印度之外的区域，以及它们所吸收的印度文明的不同方面。为此，我们将半影区分成四部分——中亚、东亚、东南亚以及中东与欧洲，分别进行讨论。

中亚

如第五章所讲，长期以来，中亚在印度历史上扮演着重要角色。历史上，曾有四波来自中亚的人侵略过印度并在印度建立了王国。每波军事入侵大约间隔 500 年。第一波入侵者包含塞种人、帕提亚人和贵霜人，是使用伊朗语的中亚游牧部落。

第二波是使用突厥语的游牧部落，胡纳人或匈人；最后两波则是改宗伊斯兰教的中亚人，包括德里的突厥苏丹与后继的莫卧儿人。莫卧儿人最终建立了覆盖印度大多数地区的长久帝国。这些入侵对印度生活产生了各种影响，影响最显著的是马匹供应和骑兵战术。

在印度文明的传播上，中亚的角色至关重要，不仅是目的地，还是通往中国与远东地区的中继站。在这一方面，第一波的贵霜人至关重要，因为其帝国横跨中亚与印度，接触并吸纳了许多文明的文化，特别是印度的。在贵霜帝国的支持下，大乘佛教快速在中亚地区传开。这一地区多半为游牧民居住的干旱草地，来自这里的马上征服者不时骚扰中国、印度、伊朗和欧洲的定居农耕文明。同时，这个地区的小型绿洲因为水分充足也可以发展农业。在这些地区兴起的小型农业城邦中，很快就有印度传道僧建立了佛寺。印度佛教的传播，还带来了印度的佛陀菩萨造像艺术、占星历法、语言学、医学和王权文化。

东亚

佛教传道僧继续东行前往中国。根据传统说法，公元1世纪时，在汉明帝的邀请下，印度佛僧竺法兰（Dharmaraksha）与迦叶摩腾（Kashyapa Matanga）首次将佛教传至中国。中亚的佛寺这时成了取经僧侣的中继站，这些僧侣来自中国、韩国和日本，前往印度朝圣并学习佛法。其中三位僧侣——法显、玄奘和义净——的回忆录，特别能够说明朝圣学者的交流情况。这些朝圣僧侣的目的主要是带回正确的佛经和不同佛陀、菩萨的画像，作为绘画、雕塑的范本。印度知识与文化的其他层面，则伴随宗教一同产生影响。当然，中国本身有历史悠久而复杂的发达文化，有自己的文化半影，因此中国的印度文明半影与中亚的印度文明半影，十分不同。

佛教在中国发展的高峰期在唐宋之际，当时佛教受到帝王推崇，与儒、道并称三家。然而印度的其他文明成果在中国的影响，远不及佛教。中国文明古老而复杂，有高度发达的王权文化，并不需要印度的王权思想和宫廷文化，这一点与中亚的城邦和东南亚的王国不同。然而，中国科学虽然同样发达，却能够从印度科学中汲取养分。这种借鉴尤其明显地体现在印度擅长的两个领域：天文—占星—数学和语言学。

前者以佛教为媒介传入中国，中国统治者寻求印度占星历法专家入仕，执掌天文机构。我们从中文史料得知了其中的三个家族：瞿昙氏（Gautama）、迦叶氏（Kashyapa）与拘摩罗（Kumara）。同时也得知印度天文学权威伐罗诃密希罗（Varahamihira）与婆罗门笈多（Brahmagupta）等人作品的译文在中国流传。

佛教在中国的传播，也带动了梵文，也许还有其他印度语言的传播，更形成了翻译印度佛教经典的行业。特别是玄奘，由戒日王统治时期的印度返回中国后，组织了大型的翻译团队。在搜集、研究、翻译佛经的过程中，中国学者不仅接触到了梵语，还接触到了印度的文字（婆罗米文及其衍生文字）与梵语语法。梵语语法与文字都建立在对语言学的精确理解之上，包含对语音学极为深入的了解。研究上古时代古典诗歌的中国学者尤其需要运用印度的语音学进行分析。中文书写系统的好处是，即使是使用各种不同方言的人也能理解书写的内容，局限则是无法传递字词发音。久而久之，随着字词发音的改变，上古时代的中文诗歌失去了韵律，原始发音也随之失传。运用印度语音学分析方法，中国学者编纂了古代经典的音韵辞典，在此基础上重建了古文发音。时至今日，这些辞典对探究远古中文语音的学者来说仍旧适用。虽然中国人并未放弃杰出的书写文字而改用印度式拼音文字，但其他东亚语言确实以佛教学者为中介，采用了以印度语言为基础的文字和语法。

目前，关于中国对印度的文化影响，我们了解甚少，但关于贸易和商品，我们则了解甚多。首先，我们知道中国丝绸很早就抵达了印度，考底利耶在《政事论》中称其为"中国布"（*chinapatta*）。丝绸在陆上通过中亚，沿着知名的丝绸之路，一路传向中东与欧洲；同时也通过海路，绕过东南亚前往。印度人最终学会了丝绸纺织技术，如我们在中印度知名的曼达索尔（Mandasor）铭文中所见，在一首丝织者行会纪念寺庙兴建的优美诗作中，诗人数度提及他们的丝织品。我们还能从古代印度文献中发现其他来自中国的商品——樟脑、茴香、朱砂、一种品质极高的皮革、梨和桃，这些商品的梵文名都以 china 开头。这些再次说明，对印度来说，高度精致的中国文明是其奢侈品的来源。

东南亚

由于运输费用极高，多数古代长途贸易都是奢侈品贸易，仅有能在远方市场获取高价的昂贵商品，才能带来利润。印度商人自古即从事远途的贸易，有印度海船为证，文献中也有关于海洋贸易的记录。在佛教的《本生经》(*Jataka*) 中就有相关描述，例如《波遮梨本生经》(*Baveru Jataka*) 中提到，印度商人将一只印度本土的孔雀带到了波遮梨，因为孔雀在那里炙手可热。而波遮梨指的似乎就是巴比伦。东南亚则拥有一样印度人尤其喜爱的商品，似乎正是因此他们将中南半岛或其部分区域命名为 Suvarnabhumi，即"黄金之地"。印度对黄金的需求之高，至今不变。根据印度社会礼俗，土地由儿子继承，女儿出嫁时则得到珠宝及其他物品作为嫁妆，因此黄金作为女性的财产尤为重要。

印度与东南亚的贸易可追溯至孔雀王朝时代。然而早在公元 1 世纪，来自地中海的希腊商人就已经学会利用季风的周期性，

第八章　印度文明与世界

驶向印度及更远的地方；同时，中国人也建造了可以航行于海洋进行国际贸易的戎克大帆船（junk）。这些发展带动了奢侈品海洋贸易的快速成长，也连接了罗马、希腊化中东、印度、东南亚与中国的港口。由于贸易内容主要是奢侈品而非便宜的日常生活用品，它因此也带来了强大的政治影响。通过这些稀有、珍贵的商品，贵族不仅能组成军事团体，还能成为众人效法或嫉妒的精致典范。

位于柬埔寨南方与越南地区的湄公河三角洲上的部落，积极参与此贸易，并从中获得了建立东南亚第一个王国所需的资金。根据中国史料记载，其中一个王国叫作扶南（Funan），曾接待过许多中国来使，也至少接待过一次印度国王的来使。建立王国的过程中，扶南受到印度与中国王制模式的影响，但主要借鉴的是印度模式，一如许多东南亚王国。这种借鉴一直持续到现代早期，许多影响今日依然可见。研究这些王国的法国历史学家乔治·柯岱斯（George Coedès）称这类王国为印度教化的国家（Hinduized States）或印度化国家（Indianized States），但我们需谨记，它们并非国家（States），而是以印度王制为范本的王国。由于并不存在被印度征服或殖民的证据，这些王国的印度化并非是外界强加的，而是他们出于自己的目的，自发地借鉴了印度王制的某些方面。因此，称之为采行印度文化的王国（Indianizing Kingdoms）会更适合。这些采行印度文化的王国吸纳印度文明，包括印度王制、印度教与佛教、艺术与科学、梵语和巴利语以及婆罗米文字。婆罗米文字即为东南亚语言最早书面文献的基础，这些文献的主题都是至今仍深受东南亚人喜爱的《摩诃婆罗多》和《罗摩衍那》。

柯岱斯认为，可将这类王国的形成，视为北印度文化延伸进入东南亚的过程，一如北印度文化向南印度与斯里兰卡传播的过程。这种传播具有多种渠道，包含奢侈品贸易，佛教（和耆那教）寺院、婆罗门聚落与印度教神庙的兴建等方面对北印度王制的吸收，以及它们对新兴古典宫廷文化艺术形式和科学知识的引进。可以说，这种变化与中亚城邦国家的印度化方式一致，也就是通过当地国王建立佛教寺院并采纳印度王制文化。这解释了印度文化如何在缺乏大规模迁徙的情况下传播的问题，以及如何在未取代当地语言的前提下，向当地语言注入大量印度词汇（特别是来自梵语和巴利语）的问题。

当然，同时期东南亚也受到中国影响。我们可以说，东南亚位于两大文明的半影内。欧洲人称中南半岛为"印度支那"（Indo-China），因其受到中印双重影响，然而，东南亚看似位于印度文化与中国文化的十字路口，但相较于中国，印度模式在东南亚的生根更为成功。唯一的例外是越南，中国文明通过儒家文化深刻影响了越南的国家文化，除了采用汉字书写其属于南亚语系的语言以外，还有其他方面。更早之前，越南是一个采行印度文化的王国，它有一个印度国名"占婆"（Champa），还有印度化的纪念性建筑与雕像，今日仍可在大幅汉化的社会中看见。如前所述，印度化大体并非通过印度的军事扩张而来，不过确实也有例外，比如南印度朱罗王朝对斯里兰卡与印度尼西亚、马来亚地区的室利佛逝王国（Srivijaya）等海外政权的军事扩张。

究竟是什么被输入了东南亚呢？主要是佛教与印度教。斯里兰卡的上座部佛教在缅甸与泰国传播，大乘佛教则在其他区域传播，两者的密宗支派都在印度式建筑雕塑上有所呈现。例如吴哥窟的女神（Devata）像，同时呈现了印度与非印度的风格。随着印度宗教而来的有梵语、巴利语和以印度文字为基础的文字，今日缅甸、泰国与柬埔寨仍在使用。还有印度的占星术、历算与时计、天文学、印度史诗与佛教《本生经》的故事文学。这些题材广泛见于雕塑、绘画、印度尼西亚皮影戏、宫廷舞蹈与诗歌。特别值得注意的是纪念性建筑，例如柬埔寨的吴哥窟和印度尼西亚的婆罗浮屠（Borobudur）佛塔等。

虽然采行印度文化的王国在14世纪开始衰微，但将近1500年后，受到印度影响的艺术仍旧保留在今天东南亚国家的文化实践中。

中东与欧洲

连接印度与中东、欧洲的跨印度洋奢侈品贸易，从公元1世纪起便蓬勃发展。此前，为确保看得见陆地，船只大多沿海岸航行，这导致了印度、阿拉伯与地中海之间的漫长旅程。希腊水手发现可利用夏天东吹的季风和冬天西吹的季风，直航于阿拉伯半岛与印度之间，于是便鼓起勇气离开可见的陆地，航向无际的大海。由于季风随季节变化风向，因此一年内便可完成来回航行。这一发现大幅度加快了印度洋贸易的节奏。影响之一可见于南印度东南岸的阿里卡梅杜（Arikamedu），考古学者在这里发掘出了希腊人和罗马人的贸易站。在这里，希腊水手贩卖地中海器物，包括意大利的阿雷汀陶器（Arretine pottery）和双耳酒瓶，然后在他们的船只抵达时将印度商品收进货仓中。许多罗马钱币在南印度与斯里兰卡出土，进一步证明这一贸易范围极广。此外，阿拉伯和犹太商人在印度也设有交易站，反过来也一样。希腊化时代的亚历山大里亚曾提及印度人的存在。印度与中东之间也有陆路，不晚于亚历山大时期。

自古以来，印度与西方国家的贸易就已存在。《圣经》记载，推罗（Tyre）王希兰（Hiram）派遣他施（Tarshish）船队前往俄斐（Ophir）载运猿猴、象牙与孔雀，以装点所罗门王的圣殿。一般认为，俄斐为索帕拉（Sopara），在今日印度西岸的孟买附近。《圣经》的这段记载说明了长途贸易与奢侈品的联系，以及奢侈品与政治、宗教和维持精英地位之间的关系。

自公元1世纪，或许更早之前，印度与地中海之间的贸易已形成一种模式。印度人在地中海地区主要寻求黄金，此外还寻求当地特有的红珊瑚、红酒等其他贵重商品，时至今日，红珊瑚仍被印度用于制造珠宝。地中海人则在印度和斯里兰卡寻求宝石（绿宝石、红宝石，之后是钻石）、珍珠、象牙、铁制剑身、铜器及印染棉布等各种精细织品。这些贸易维持了很长一段时间，对西方人来说，印度是个充满奢侈品与高品质工艺品的地方。直到1815年工业革命后，这些交易形式才改变。此后，印度成为棉花等原材料的供应地，而欧洲，特别是英国，则进口机器纺织而成的美国棉（美国内战时联邦军限制南方棉花出口时，一度由印度进口）和叙利亚棉，生产出便宜的棉布。这些棉布被运回印度，以大幅低于当地手工纺织棉布的价格倾销。古代的奢侈品贸易，转变成了机器制造的大量消耗品的现代贸易。这一转向使印度成了原材料产地与欧洲低价商品的市场，对印度经济的发展十分不利。

另一种古代贸易活动也应该纳入视野：马匹与大象的贸易。它们是印度军队的重要元素，因此也影响整个政治体系。从印度整体来看，马匹与大象的分布正好呈现互补的状况。大象是印度的原生动物，集中在湿润区的大象森林中，主要是印度的东部和南部，在印度河流域则十分稀少。相反地，马匹不是印度原生动物，也就是说印度并不存在可供捕捉驯养的野生马群，同时它们在干旱区的生存状况较好。因此，古代印度国王总是对控制大象森林、控制中亚和西方的马匹贸易深感兴趣，愿意为马匹付出高价。例如，毗奢耶那伽罗王朝（Vijayanagara）的君主向葡萄牙商人承诺高价，通过海运购得马匹；在这个例子中，不论马匹抵达时存活与否，印度君主都会付款，可见他极度渴望确保供应军队的马匹。稍后在英国治下，印度军队直接从澳大利亚牧场购买马匹[新南威尔士，这些马匹在印度被称为威勒斯（Walers）]。在大象贸易上，印度则占上风；亚历山大的继承者们，也是希腊化国家的伟大君主们，极力想获得大象，以用于军队对抗彼此。他们似乎也引进了印度象夫，因为印多斯（Indos，意指印度人）一词，在希腊语中也有象夫之意。通过象夫，就能取得驯养大象的相关技术。中东地区的塞琉古人从孔雀王朝取得大量大象，听说至少有三大批象群，在三个不同时间点，被从孔雀王朝送往塞琉古帝国。而塞琉古的对手，埃及的托勒密王朝则捕捉非洲象来训练，也许是通过印度象夫的协助。地中海战争中使用大象的历史，延续了三个世纪之久，从亚历山大继承者到恺撒时期，象军都是战争的主要一员。象军最终因为成本高昂、运输路途遥远，再加上希腊、罗马人发明了有效的反制作战方式以对付西方军队中有限的象群，逐渐淡出战场。然而直到现代，印度仍然保留了象战，印度对马匹贸易的依赖同样不变。

印度与伊朗人、阿拉伯人、希腊人和罗马人等西方民族之间的贸易大幅增长。贸易以奢侈品为主，但我们不应将其视为无用之物，因为这些极为昂贵的商品对于维持社会阶级和政治架构相当重要。罗马人送出大量黄金到印度交换奢侈品，但也害怕这些奢侈品会腐蚀国家。

虽然公元 1 世纪开始，贸易的跳跃式发展将印度与西方更紧密地结合在一起，也塑造了印度作为财富和奢华之地的形象，但印度宗教的西渐却未能顺利开展。佛教被证实是印度对外输出得最成功的宗教，如我们所知，佛教传播到东亚与东南亚多数地区。2001 年巴米扬（Bamiyan）大佛立像遭毁一事告诉我们，它也曾向西传播至阿富汗，但也仅止于此。同一时间，基督教的传播跨越地中海和中东地区，最东曾抵伊朗。希腊化的佛像和其他印度宗教的塑像，在希腊化世界的阿富汗和印度河流域被发现。总体而言，成为古代印度与西方之间的主要沟通工具的并非宗教，而是贸易和外交。

印度与西方世界有长期的知识交流，特别是在古印度高度发达的天文—占星—数学领域。在这一领域中，印度是借用者也是借出者。兴起于美索不达米亚的苏美尔人的天文学、占星学及相应的数学，在希腊、罗马和印度的古代民族间掀起了一场国际思想交流。如第七章所述，因为这些交流，我们在这片广大区域中都可看到黄道十二星座及以日、月和大行星为名的七天周历日。印度的贡献则包含发明代数、三角函数、数位及将 0 作为占位符等。这些不仅是许久以前发生的历史事件，更是活着的知识，是今日全世界日常生活的一部分。少了它们，我们的日常生活将无法进行。

另一个印度科学高度发达的领域是语言分析（语言学，特别是语音学和语法学），首先用于吠陀时代的梵语，接着推广到印度与中亚、东亚及东南亚的其他语言。此类印度贡献似乎完全是本土的。印度语言分析虽然大幅影响了许多亚洲地区的语言研究和文字创造，但直到18世纪，才被欧洲语言分析理论所吸纳。当时，欧洲人对梵语的研究大幅影响了现代语言学的形成。

印度创造的世界，投射出远超出印度文明核心地域的半影，大量进入邻近的亚欧国家，留下了深厚的影响。令人惊讶的是，其他国家及文明的局部印度化，是通过宗教、贸易和外交，而非战争与创建帝国，这一点与亚历山大创建帝国以推动希腊化截然不同。印度创造的半影区，并非矛尖上成就的，而是通过商品、宗教、王制与科学的吸引力形成的。

第九章
突厥人与莫卧儿人

伊斯兰教与印度
突厥人
莫卧儿人

第九章 突厥人与莫卧儿人

印度文明与中亚之间有一段长远却又断断续续的关系。来自中亚的雅利安人和马拉战车，在公元前第二个千禧年到了印度并建立了吠陀宗教。公元前后的塞种人、帕提亚人和贵霜人都使用伊朗语，而公元450年左右的胡纳人则使用突厥语。虽然来自不同语系，但两波入侵者具有类似的特征：都是来自中亚的游牧部落，擅长的征战之道都基于无限供应的马匹和马上骑射技术。最终，许多部落都被纳入印度的武士阶级。公元1260年起，中亚突厥人在德里建立政权；来自中亚的莫卧儿人是使用突厥语的相近族群，于公元1526年在印度建立帝国。两者的军队都以骑兵为主力，因此持续自中亚输入马匹。突厥人和莫卧儿人延续了中亚入侵的古老模式：历史上中亚至少发动了五次间歇性的大侵略，并在印度形成征服者国家。与先前入侵者的不同之处在于，突厥人与莫卧儿人都是穆斯林，是跨民族、跨地域的伊斯兰社团乌玛（ummah）的一分子。伊斯兰教在塑造社群上的一个显著成果，是利用伊朗的学者、抄写员、艺术家和武士在印度建立突厥和莫卧儿国家，赋予其一种复合的印度-伊朗文化特征。当然，伊朗与印度自古即有文化联结，伊朗的伊斯兰文化在印度文化半影中成形，因此这时的发展可以说是过往模式的再现。但需注意的是，突厥与莫卧儿国家并非纯伊斯兰教国家，而是同时具有中亚、伊朗、伊斯兰教及印度元素的印度国家。

另一方面，正如我们浏览世界地图时发现的，伊斯兰教在印度历史上的重要性不可忽视。直到1947年民族国家建立前，分裂前的印度拥有世界上最多的伊斯兰人口。人数之多，甚至远超过伊斯兰教起源的中东国家。宗教认同在20世纪建立民族国家的政治活动和政治主张中产生了重大影响，因此当英国殖民统治在印度结束时，沿着宗教分际，其治下领土被分成两个独立国家——巴基斯坦与印度。巴基斯坦是以穆斯林为主的国家；印度共和国则以印度教徒为主，虽然也有许多穆斯林和其他宗教的信徒留在印度。巴基斯坦拥有两块领土，位于印度共和国的两侧：东巴基斯坦随后于1971年脱离巴基斯坦独立，并改名孟加拉国；西巴基斯坦如今则称为巴基斯坦。当代地图上的三块——孟加拉国、巴基斯坦与印度，是世界上伊斯兰人口第二多、第三多与第四多的国家（最多的是印度尼西亚）。发端于干旱、人口相对稀少区域的伊斯兰教，在印度与印度尼西亚这两片人口稠密的土地上，获得

第九章　突厥人与莫卧儿人

了大量的追随者。

20世纪，由于宗教与民族国家的形成相结合并与选举民主制度结合，宗教认同取得了前所未有的显著地位和政治分量。这很可能会使我们将眼前的显著性投射回历史中，过度看重宗教认同在古代印度的作用，从而忽略其他区域和族群因素在突厥与莫卧儿国家形成中的影响。

伊斯兰教与印度

在突厥人和莫卧儿人之前，阿拉伯人通过贸易和军事征服，将伊斯兰教带进了印度。印度人和阿拉伯人长期参与红海区域的贸易，定居在印度西海岸的阿拉伯商人在伊斯兰教于阿拉伯兴起后不久即成为穆斯林，可能是印度最早的穆斯林。同时，伊斯兰教也推动了阿拉伯帝国的形成和快速扩张，东向的军事行动在公元711年远达信德区，同时向西扩张，到达西班牙：这时距离伊斯兰教兴起不到100年。通过贸易扩张和军事征服，伊斯兰社群由阿拉伯人为主的社群变成了多元民族社群。始于公元7世纪的商业扩张和帝国扩张，随后被15、16世纪哥伦布与达·伽马领导的基督教欧洲商业与帝国扩张复制。印度（事实上整个亚洲）深受两波扩张的影响，这也是本章与下一章将讨论的主题。

伊斯兰教巨大的扩张行动，正是历史上思想塑造社群力量的突出案例。伊斯兰教始于穆罕默德在出生地麦加和麦地那接受天启；穆罕默德与随其迁往麦地那的追随者，正是伊斯兰社群的起源。希吉来（hijra），即公元622年由麦加迁徙到麦地那，是先知生命中的核心事件，也是伊斯兰纪年的开始；因此公元2000年是伊斯兰教历1378年，即1378AH，AH意指"希吉来后"（after the hijra）。由于麦加当地主要商贸家族担心穆罕默德壮大中的追随者会对他们造成威胁，因此迫其离开麦加；这是伊斯兰社群凝聚力的初期展现。

穆罕默德宣称其传布的讯息是真主通过天使吉卜利勒（Gabriel）传达的默示，并将自身纳入《圣经》传统中始于亚伯拉罕、中经耶稣传承的先知序列中。吉卜利勒令穆罕默德"诵读"[iqra，出自《古兰经》之名Quran（Quran，诵读的意思）]，穆罕默德听令向麦加一小群逐渐增多的追随者诵读讯息：关于真主的力量与美善，其唯一性，以及最终审判日中所有亡者灵魂将受审判而进入天堂或地狱。同时，他也传播向真主的意志"顺服"的职责（"伊斯兰"为顺服的意思，"穆斯林"即为顺服者），感谢真主的慈悲，践行道德生活，为孤儿穷人提供食物和捐助。

当穆罕默德迁徙到麦地那时，当地11个左右的部落正处在战争状态，每个部落在绿洲中各拥堡垒。穆罕默德出徙麦地那并

第九章 突厥人与莫卧儿人

非偶然,而是受邀前往担任争斗部落间的仲裁者。在此过程中,他为麦地那判定了某种宪章:定下他的追随者与麦地那人之间的关系;定下麦地那穆斯林与不信先知宗教者之间的关系;定下阿拉伯人与犹太人(争斗部落中有三支为犹太部落)之间的关系,允许犹太人继续奉行其宗教并持有财产。穆罕默德成为部落纷争的仲裁者,成为某种超越于部落之上的领袖。同时,他也是自己社群的领袖,这群人追随先知,并非像部落中那样是因为血缘,而是因为对先知的认同。因此在部落的概念之上,又加上了信仰社团乌玛的概念;对穆斯林而言,部落联系被穆罕默德的权威取代,信众的争议需提到先知面前进行仲裁。

出徙麦地那后,先知仅存活于世间十年,但在这不长的时间里,他为伊斯兰教第一个世纪里迅速扩大的信众社群奠定了基础。第一步是麦加的伊斯兰化,通过一连串战争,在先知出徙后第八年获得最终胜利。夺下麦加后,穆罕默德由真主指派成为国家领袖,制定法律,创立国库、军队,并联合许多部落盟友,虽然这些盟友并非全数信奉即将席卷全阿拉伯半岛的新宗教。实际被创造出来的是围绕伊斯兰教一神论的信仰社群,它向信众要求取代部落或超越部落的更高层面的忠诚,以及普世性的道德规范。

穆罕默德之死让整个伊斯兰社群陷入宪政危机,因为无人能继承其先知的身份。解决之道便是让先知的"继任者"或称"哈里发",成为这些壮大中的国家的核心政治领袖。前四任哈里发是从先知的伴随者及亲属中产生的,因此被称为"正统哈里发":阿布·伯克尔(Abu Bakr)、欧麦尔(Umar)、奥斯曼(Uthman)和阿里(Ali)。此后则由麦加的倭马亚(Umayya)家族及巴格达的阿拔斯(Abbasid)家族依次掌权:

正统哈里发,公元632—661年掌权

倭马亚家族,公元661—750年掌权

阿拔斯家族,公元750—1258年掌权

每段时期都包含伊斯兰社群演化的重要阶段。

先知去世后不久,原先支持先知的部落开始各奔东西,国家可能也完全解体了。更糟的是,许多部落领袖自诩接续穆罕默德之后,成为真主(安拉)而非旧部落神祇的先知。伊斯兰史学家称此为"叛教"(ridda)。因此,首任哈里发的急切任务在于压制这波危险发展,重申穆罕默德为"众先知的封印"(也就是穆罕默德之后再无先知),并通过征服行动,让叛教部落再次顺服。"镇压叛教者之战"相当成功,军队也因吸收新盟友而扩大,形成了持续扩张的动力,直到整个阿拉伯半岛及远方国家都被纳入伊斯兰势力中。穆罕默德去世后十年内,阿拉伯半岛已稳定,伊拉克和埃及地区——富饶、人口稠密,形成了古老农耕文明的河谷区——也落入阿拉伯人的掌控之中。在初期哈里发领导下，阿拉伯帝国逐渐形成，伊斯兰社群掌握在哈里发手中。

这时的伊斯兰社群仍以阿拉伯人为主，但为时不久。史学家所谓的第一波阿拉伯帝国扩张，进入了周边古老国家。这些古老国家拥有更多的人口，以农业为主，政府由土地税收支持，并有大批政府官僚进行收租。在帝国之下，阿拉伯人仅需缴纳少许税金便可购买土地，然而非穆斯林却需缴纳人丁税（*jizyah*）与土地税（*kharāj*）。只要税金定时缴纳，他们的宗教就会得到包容；他们被称为"受包容宗教"信徒（即犹太教徒与基督教徒）或"顺民"（*dhimmis*）。然而第一个阿拉伯帝国的成功还带来了意料之外的结果，即非阿拉伯人皈依了伊斯兰教成为教徒。一开始，非穆斯林贴近新社群的唯一方法，是成为阿拉伯部落保护下的平民（*mawāli*），处于二等公民地位；比起阿拉伯穆斯林，他们必须缴纳较高的税金，却仅享有较低的福利。这种社群内的双层结构无法长久，由于新征服国家中有大量的非阿拉伯人，两个族群间的紧张关系促使整个伊斯兰社群向普世化转型，逐渐减少阿拉伯族群的认同。阿拉伯征服的矛盾结果在第四位哈里发治下最终体现了出来，他不仅离开阿拉伯半岛发动远征，更将首都定于伊拉克的库法（Kufa）。自此，哈里发政权中心再也未返回阿拉伯半岛，中心通常位于大马士革，后期则在阿拔斯人建立的巴格达。阿拉伯地区虽失去了政治影响力，但时至今日，仍旧是穆斯林朝圣的中心。

第三位哈里发是出身麦加倭马亚家族的奥斯曼,他的任选对麦加乃至印度的寡头集团来说是一大胜利,他们的家族掌握了伊斯兰教中的高阶位职,这种情况导致了内战,让第一波阿拉伯征服的成果消耗殆尽,帝国的快速扩张也戛然而止。哈里发遭到了暗杀,第四位哈里发阿里则与奥斯曼的侄子、叙利亚总督穆阿维叶(Muawiya)发生冲突,后者指控阿里密谋篡位并决定要复仇。阿里死后,帝国落入穆阿维叶及其后继的倭马亚哈里发之手。悲愤的阿里追随者不承认后续的哈里发,另行成立政治与宗教上的反对势力——什叶派,伊斯兰内部分裂因而继续扩大。

在倭马亚哈里发的统治下,国家获得稳定,对外征服也持续进行。第二波阿拉伯征服越过埃及,穿越北非,到达直布罗陀与西班牙;围攻拜占庭希腊人的首都君士坦丁堡;更抵达中亚乌兹别克斯坦的布哈拉和撒马尔罕,两地不久后成为穆斯林学习与虔敬的中心。公元711年,伊斯兰教的第一个世纪中,阿拉伯军抵达信德。信德是第一个拥有伊斯兰教君主的印度国家。由于远离哈里发权力中心,信德总督几乎独立统治当地。伊斯兰教根植于信德社会,而信德社会在伊斯兰化的同时,也成为印度文化和知识西传的通道。印度的数学、天文、寓言文学和医学实践被吸纳进入伊斯兰世界,部分被传入欧洲。

第九章 突厥人与莫卧儿人

信德区分裂成两个阿拉伯人统治的国家，掌控着印度河流域下游。然而，阿拉伯帝国受到瞿折罗—普拉蒂哈拉帝国大军阻挡，无法继续深入印度。最终，进入北印度的伊斯兰教统治者，并非阿拉伯人，而是不同的民族——来自中亚的突厥人与莫卧儿人。

公元 750 年，倭马亚哈里发政权因阿拔斯家族政变终结。虽然阿拔斯家族是阿拉伯人，但其崛起代表着非阿拉伯裔平民的胜利。这群沉潜的帝国次等公民，实际上远较阿拉伯裔人多。在波斯、伊拉克与埃及等古老文明区域中，平民阶级包含古老的贵族和前伊斯兰统治下众多知识分子及专业团体。如今他们虽在阿拉伯军事网络的掌控下，但是随着帝国领土扩张，帝国的军事掌控力逐渐虚弱。因此可以合理推测，是阿拔斯革命解决了伊斯兰教社群内部少数阿拉伯精英与多数平民之间逐渐扩大的矛盾。到了 9 世纪中期，阿拔斯力量开始式微，突厥人掌控了多数的地方权力中心，开始瓜分伊斯兰世界的东半部。

这些过程在帝国东半部促使新的波斯-伊斯兰文化开花结果，比如，这时改以阿拉伯字母书写的波斯语。这波发展对印度来说是不祥的前兆，因为正是波斯化的伊斯兰文化和伊朗人，将乘着突厥入侵之风进入北印度。

突厥人

人们通常认为突厥人（Turk）来自土耳其（Turkey），实际上正好相反："土耳其"一名源自突厥人。突厥语族的故乡是中亚，土耳其的奥斯曼突厥人正是来自这里，创建帝国也是中亚突厥人扩张的过程之一。即便是今日，中国西北部的省份以及沿着俄罗斯南缘的国家及伊朗北部，仍旧有大批使用突厥语族语言的人，包括阿塞拜疆人、哈萨克人、吉尔吉斯人、土库曼人和乌兹别克人。他们分别成为阿塞拜疆、哈萨克斯坦、吉尔吉斯斯坦、土库曼斯坦和乌兹别克斯坦等国名的由来。

伊斯兰的突厥化，是通过哈里发等伊斯兰国家政治领袖雇用突厥军事奴隶担任精英卫队产生的。这些突厥奴隶是通过贸易和战争获得的。马穆鲁克（*mamluk*）军事奴隶的建制化对印度来说十分重要，印度历史上第一个苏丹王朝就被称为马穆鲁克王朝或奴隶王朝（Mamluk/Slave Dynasty）。但要了解军事奴隶，我们必须先把对"奴隶"一词的大多印象抛诸一旁，因为突厥军事奴隶通常十分富裕，可能是军队将领或一省之长，可以拥有自己的财产，包括奴隶。马穆鲁克军事奴隶自童年就开始受训以成为军队精英，他们通常拥有足够的能力，可通过军事政变夺权。到了14世纪，从开罗到德里，伊斯兰文明的许多区域都由马穆鲁克国王统治。9世纪中期,突厥势力崛起时正值哈里发政权分崩离析之际,早在1258年蒙古人彻底消灭阿拔斯哈里发政权之前,伊斯兰就已经失去了政治势力。

公元1000年左右,突厥人在伽色尼(Ghazana)的马哈茂德(Mahmud)的带领下,开始征服北印度。马哈茂德来自中亚,定居在阿富汗境内,通过西进伊朗和东进印度,马哈茂德创立了一个庞大的帝国。他的军队多次深入恒河谷地,更沿着印度河流域进入古吉拉特大肆劫掠,从北印度富裕的王国和香火鼎盛的寺庙,带回大量战利品和赎金。马哈茂德和其继承人取代早先的伊斯兰统治者建立了伽色尼王朝(Ghaznavids),但能够稳定控制的区域多半限于印度河流域上游到拉合尔(Lahore)地区。而拉合尔成了印度文明区域内的波斯-伊斯兰文化的滩头堡。

伽色尼王朝接着由古尔家族取代。在12世纪末,古尔人(Ghurid)两次征服北印度地区,并在这里驻扎突厥奴隶将领的大批军队。古尔国王在军队成功出征北印度时遭到暗杀;眼见首领已死,将领们拥立同僚库特卜-乌德丁·埃贝克(Qutb-ud-din Aybak)于1206年即位,成为首任德里苏丹国的苏丹。

可以将突厥苏丹国想象成三个群体的结合体:突厥人、伊朗人和印度人。这种组合的主要部分是突厥军事贵族,他们担任王国的军事与政治高阶官职。在人口密集的农业文明中,他们是一小群权力集中者，因为没有明确的王位继承原则，他们常在继承争斗中内部分裂。突厥人的权力继承常伴随暴力：国王的更换频率约为过去印度国王的二倍（平均统治期为十年，相较而言，早前国王的统治期平均超过 20 年）；相较许多延祚达数百年的早期王朝，这段时间的王朝都很短命（320 年中有五个王朝[*]）。这一时期的政权异常仰赖直接使用军事力量，并对军事精英慷慨赏赐，以确保对苏丹的忠诚。

结合体中的伊朗元素至为关键，若少了这一成分，突厥统治者势必如早前的中亚入侵者一般，招募印度人充任行政官，并融入印度文化以获取被统治者的信任。然而，德里苏丹国形成初期，蒙古人入侵东方的伊斯兰区域，摧毁了阿拔斯哈里发政权的最后余韵，伊朗人生活困顿，大量的伊朗移民迁往德里，因为那里的苏丹以财富与慷慨闻名。

蒙古人的威胁使突厥人有源源不绝的、掌握波斯语的伊朗人，他们可以充任法官、土地税务局官员及僚属，以及学者、教师、诗人与艺术家。正因如此，波斯语成了内政与外交的官方语言，直到 19 世纪初仍旧如此。即便印度的伊朗人人数不如母国之众，许多波斯语作品却是在印度，而非在伊朗写成的。历史环

---

[*] 原文为 6 个王朝，但根据林承节《印度史》，德里苏丹国时期有五个王朝。——编者注

第九章 突厥人与莫卧儿人

境将伊朗移民推入印度，支撑了突厥王权的伊斯兰特征，还赋予其波斯光辉。*

最后，这一组合体的最大元素，是印度人自身。即便波斯人和突厥人在政府掌握特权并占据高位，但军队和民政仍旧仰赖大批印度人。在军队方面，突厥人军事力量依靠中亚马匹和骑术，印度农民则充实了大量步兵兵源，这是苏丹极力希望控制的力量。至于民政，虽然有关民政的文字记录主要采取波斯文体，但无疑仍需仰赖大批深谙印度当地语言的抄写员，以评估并征收土地税，为国家提供财富。苏丹国需要大量的金钱以维持豪奢赏赐，而奢华的赏赐用来维持国家统一，因此税收渐趋苛刻。关于古代税收，一向缺乏精确的资料，然而令人惊讶的是，上古时期农民的收入中，君主所得名义上为 1/6，然而在突厥苏丹治下，有时则可能高达 1/2。

为了增加土地税收，税务官员势必要与地方印度官员打交道；一般来说通常由地方层级的印度教王公（raja）负责区域内的税收纳征。因此，印度教社会及其传统领导方式获得延续，但权力金字塔顶端则由突厥人和伊朗人占据，特别在恒河与亚穆纳河之间的陀坡（Doab）区域。陀坡区域之外，有些印度教王公通过向德里进贡，持续统治领土。印度教仍然是乡村地

---

* 此诠释来自已故的 Allen Luther 的讨论。

区的主流宗教，伊斯兰教则在北印度城市内形成社群，这几乎成了一种城市现象。在这些城市中，宗教受到伊斯兰教法学家[称为"乌里玛"（ulamā）]的细心指导。这些学者以正统性闻名，深恐伊斯兰教被周围的印度教"玷污"；他们同时也全力支持王权统治。苏菲派（Sufi）组织和工艺行会则控制着都市生活。

这些并非有利于大量印度人改宗伊斯兰教的条件，事实上即便在德里苏丹国直接统治的恒河上游流域，也少见乡间的穆斯林。人们一般认为，改宗是直接武力的结果，并伴随着对印度教寺庙的破坏。两者确实发生过，但正如理查德·伊顿（Richard Eaton）所言，这只是在征服过程中，对顽强抵抗者杀鸡儆猴的举动。然而，一旦征服领土后，情况将大为转变。人数远远低于印度人的突厥军事精英，倘若持续通过常态性强迫改宗来挑衅当地印度人，将难以统治北印度。苏丹不仅并无此类政策，反而在早期便确定立场，视印度人为包容宗教下的"顺民"或信徒，只要他们顺服苏丹统治并缴纳税金，就享有维持原有宗教的自由。这一立场成了伊斯兰统治者统治印度的规范。总体来说，印度人改宗伊斯兰教并非政府行动的结果，因为统治者并不希望因为改宗而失去税金收入。在突厥人与莫卧儿人的长期统治中，大量改宗伊斯兰教的现象，在印度这个农业社会意味着大批农民改宗。而这并非发生在统治者的核心领土上，反而出现在边缘的印度河流域和孟加拉地区。根据伊顿的研究,至少在孟加拉地区,大规模皈依伊斯兰教是伴随着向穆斯林商人和苏菲派圣地提供大量土地而出现的,这是将农业推广到林地的先驱进程的一部分,就像欧洲的修道院庄园将农业和基督教传播到定居圈的边界之外一样。* 伊斯兰教苏菲派的虔敬神秘形式,深获印度人青睐。苏菲派中的虔敬主义实践,广义来说与印度教的虔爱派相当类似,而苏菲派导师们深具魅力的遁世主义和神秘主义,也与瑜伽修行相仿。许多苏菲派修士以圣人形象出现在印度民间故事中,与其他印度宗教的瑜伽修士和托钵僧并无二致。

德里苏丹国的历史可以分成几个阶段。首先是在北印度建立并稳固王权,这涵盖了第一个百年。接着在公元1300—1350年,苏丹的力量延伸到德干地区,从半岛的国王和神庙处搜取了大量可移动的财富,并慷慨地运用这些财富笼络突厥军事贵族和伊朗学者。这时确实是苏丹国的鼎盛时期,但也是衰微的开始。只要外在财富来源能够满足苏丹国对大量金钱的需求,苏丹国就能维持繁荣;然而当德干不胜重负时,苏丹国即被迫通过北印度农民缴纳的土地税来维持开销,而这种繁重税收会破坏农业生产力。大约公元1350年之后的这段时间,则是苏丹

---

* 庙宇兴建议题:见 Eaton(2000);改宗议题:见 Eaton(1993)。

国在节流的同时寻找促进农业而非破坏农业的方法的时期。然而在公元1398年,伊朗和中亚的蒙古国王帖木儿(Timur,西方称为Tamerlane)入侵北印度,带来了重大灾难。德里被洗劫一空,这里的工匠都被带往撒马尔罕为帖木儿建造清真寺。苏丹国的最后阶段,是帖木儿入侵后的百年。这期间政权衰微,许多叛离将领在各地建立了地方苏丹国,包括孟加拉、旁遮普等地;南方则兴起了毗奢耶那伽罗帝国。在这些地方的苏丹国中,伊斯兰教逐渐融入印度文化,今日这些区域仍存在着大批穆斯林。

首都与国名相同的毗奢耶那伽罗帝国,建立于半岛的干旱内陆。如辛西亚·托波特(Cynthia Talbot)所示,该帝国由新的武士阶级建立,而这个阶级则是在农业向干旱地区扩张的过程中形成的。利用这一优势,帝国通过当地统治者掌控了南印度领土。毗奢耶那伽罗的国王是印度教徒,但帝国在结构上则呈现国际性:聘雇穆斯林为大炮手,向葡萄牙人购买战马,因为比起北方邻居,马匹在半岛上总是短缺。用一个简单的方法总结当时三大主要势力就是:德里苏丹是"马主"(Ashvapati),奥里萨王是"象主"(Gajapati),而毗奢耶那伽罗国王则是"人主"(Narapati)。他们形成的三角关系,构成了当时的国际秩序,说明了德里突厥国王如何在印度常态化。菲利浦·瓦格纳(Phillip Wagoner)证实,当时的毗奢耶那伽罗国王将突厥君主的帽饰和长袍作为外交服饰的规范。* 通过大大小小数百种途径,中亚和波斯-伊斯兰的惯例成了印度日常的一部分。

莫卧儿人

莫卧儿人主宰印度达两个世纪之久,式微后又苟延残喘一个半世纪,比德里苏丹国任何一个王朝的统治都更为成功,毕竟后者国祚最长的朝代也不过九十多年。莫卧儿人的成功主要来自其更为开放的政策:给了印度人更大的政治空间,虽然相较之下,来自中亚和伊朗的贵族和学者更容易获得政府公职,进而获得财富和机会;此外,与德里苏丹相比,莫卧儿人更好地维护了印度教徒的利益。莫卧儿皇帝通过参与印度教仪式和节日来履行身为印度国王的角色,包括:参加排灯节(Diwali);以黄金衡量帝王体重,并布施这些黄金;参加婆罗门供养仪式;"瞻仰圣容"(giving darshan),定期公开露面供民众瞻仰皇帝;支持宗教学术和文学,包含翻译《罗摩衍那》和《摩诃婆罗多》。

他们在印度留下无法磨灭的印迹,包含今日仍受仰慕的建筑杰作——德里红堡和阿格拉的泰姬陵;后者由白色大理石建造,位于莫卧儿人引人瞩目的中亚风格庭园里。

---

* Wagoner(1996)。

以下列出前六位莫卧儿皇帝，他们代表着帝国的崛起和巅峰：

巴布尔（Babur），公元 1526—1530 年在位

胡马雍（Humayun），公元 1530—1556 年在位

阿克巴（Akbar），公元 1556—1605 年在位

贾汉吉尔（Jahangir），公元 1605—1628 年在位

沙·贾汗（Shah Jahan），公元 1628—1658 年在位

奥朗则布（Aurangzeb），公元 1658—1707 年在位

莫卧儿一词与蒙古同义。印度的莫卧儿人追溯先祖至两位知名的蒙古皇帝：13 世纪的异教徒蒙古帝王成吉思汗和 14 世纪的伊斯兰皇帝帖木儿。帖木儿铁骑踏遍伊朗、中亚、俄罗斯和中东，并于公元 1398 年洗劫德里，但最终撤出印度。他的入侵行动削弱了德里苏丹国的势力，并将一小群蒙古军人引入北印度。建立莫卧儿世系基础的巴布尔，拥有杰出的家世，领土却相对狭小，仅有中亚的费尔干那（Ferghana）。时势与天性使巴布尔成为一名军事冒险家，而困顿则将他导向印度。他心中所想的是中亚王国，然而三次夺取先祖帖木儿都城撒马尔罕都无功而返，之后便将注意力移向南方。他建立的国家横跨兴都库什山脉两侧，直抵印度河流域西岸，一脚踏在阿富汗，另一脚伸入印度，与过去贵霜人或胡纳人的帝国相

第九章　突厥人与莫卧儿人

似。后续的莫卧儿皇帝在帝国持续深入印度时，则失去了中亚根据地。

巴布尔之前，印度就已经进入了火药战争的时代，然而在公元1526年帕尼帕特（Panipat）之役中，巴布尔对火炮的掌握，无疑是其击败德里苏丹国的一个重要优势。他同时也有印度所有中亚入侵者共有的优势：大量的马匹和优秀的骑兵。巴布尔未能长久享受自己的胜利，苏丹国虽被击败，但突厥贵族和拉杰普特（Rajput）武士族系尚未接受莫卧儿人的统治。事实上，巴布尔死后，他的儿子胡马雍被苏尔（Suri）家庭的谢尔汗（Sher Shah）逐出了印度。谢尔汗是阿富汗贵族，一度加入巴布尔阵营，在驱逐胡马雍后，他恢复了苏丹国统治，建立苏尔王朝。谢尔汗掌权仅有短暂的五年，后意外死于火药爆炸。谢尔汗死后的继承混战为胡马雍开启了一扇机会之门，流亡15年后，在波斯国王的帮助下，胡马雍成功恢复了莫卧儿在印度的统治。

胡马雍之子阿克巴，是莫卧儿统治者中最伟大的一位。他是帝国的奠定者，平定北印度，征服西海岸为帝国取得出海口；同时也是普世宽容政策的创立者。在他治下，不论是军官还是文官，都定有曼沙布（mansab）品级，理论上这些官员必须供养相应数量的人和马，为国家征战。同时国家也赋予权利，让他们可从派分的土地［扎吉尔（jagir）］上收取税金，而这支军队由曼沙达尔

（mansabdar）来供养。阿克巴将品级划分成33等[*]，由十夫长到万夫长，最高品级则保留给皇室成员。帝国事务也向印度教徒开启，阿克巴特别留心将拉杰普特武士族系纳入行政系统，并通过迎娶拉杰普特妻室，建立婚姻联盟。因此帝国形成一体的官僚体系，注重的是官员的能力。由于曼沙布品级及其薪酬并非世袭，其子嗣必须从低阶爬起。这套制度意在抑制土地贵族的壮大（虽然仅有部分成效）——通过终身不停轮调和职位非世袭的规定，曼沙布的扎吉尔不会与就任的地方重叠。这一政策的效果之一，是莫卧儿官员既知自己的家业不会传给子嗣，因此便将财富用在建造精致华美的陵寝上。今日仍留存着许多陵寝，纪念着当时精致的建筑风格。

为了配合政府组织的这种包容性，阿克巴还探讨了本国子民和其他国家的多种宗教的内容。他受到伊斯兰神秘教派苏菲派的强大吸引。苏菲派的不少特点，至少在一元论形式上，与印度教有所呼应。阿克巴邀请伊斯兰、印度教、耆那教和琐罗亚斯德教的学者导师，甚至从果阿（Goa）的葡萄牙贸易站请来基督教传教士，参与皇家比较宗教研讨会，为他解释不同的神学体系，并接受他的询问。最终阿克巴得到结论，所有宗教必有其内在美善之处。阿克巴在维持祖先的伊斯兰信仰的同时，组成了一个皇家

---

[*] 林承节《印度史》称有66个等级。——编者注

信仰圈"丁-伊-伊拉希"（Din-i-Ilahi，意为神圣信仰），撷取伊斯兰及其他阿克巴询问过的宗教的元素，以及国际流传的圣王思想，组成了虔敬信仰。神圣信仰不拘一格的宽容特质，正是帝国在民族政策上实行宽容主义的表现。阿克巴还废除了非穆斯林的人丁税，进一步减少了子民间的差异。

在贾汉吉尔和沙·贾汗的统治下，莫卧儿帝国权力持续上升，虽然公元1622年阿富汗的坎大哈（Kandahar）落入波斯人手中，莫卧儿帝国的统治因此仅限于印度境内，但当时的莫卧儿帝国是伊斯兰世界领土最广也最富裕的帝国，甚至超越波斯和奥斯曼土耳其帝国。沙·贾汗的泰姬陵是莫卧儿帝国建筑的巅峰之作。随着欧洲贸易增长，新世界的白银流入印度，被印度人铸成卢比银币。这是第一波全球化中整合世界经济的成果之一；莫卧儿时期的印度，不仅是统合不同区域的伊斯兰世界的一部分，更在即将成形的广大世界中占有一席之地。

在沙·贾汗的晚年，其四子为皇位继承手足相残，其中最主要的竞争者是达拉·舒科（Dara Shukoh）和奥朗则布。两名王子体现了莫卧儿时期印度伊斯兰宗教信仰的不同发展趋势。达拉·舒科是沙·贾汗属意的皇位继承人，与阿克巴类似，热爱研究各种宗教，甚至通过婆罗门协助，下令将《阿闼婆吠陀》和部分《奥义书》译为波斯语。相反，奥朗则布则是高度虔诚的伊斯兰教逊尼派信徒，他甚至将音乐逐出宫廷。

奥朗则布赢了这场斗争，统治近五十年。他是能力高超的君主和军事领袖，他的统治可以说十分成功。在漫长的战役中，他成功征服了德干地区的小型国家，并将其纳入莫卧儿帝国的疆土。然而，奥朗则布去世后，过往的贵族和盟友逐渐坐大，蚕食鲸吞莫卧儿势力，导致帝国权力迅速萎缩。我们该如何解释这一衰落呢？

许多学者主张，帝国衰弱主要源于奥朗则布个人对于伊斯兰严厉教派的喜好，破坏了前人提倡的宽容主义政策，并孤立了其他非伊斯兰族群。然而这一解释并未考虑这样的情况，即莫卧儿帝国官僚中仍存在着大批印度教徒，甚至某些主要将领也是印度教徒；还忽视了奥朗则布持续支持印度教及其他宗教组织的事实。事实上，锡克教徒（Sikh）与莫卧儿君主有复杂的关系。阿克巴曾赐予锡克教徒土地建造锡克金庙［Golden Temple，位于阿姆利则（Amritsar）］，但奥朗则布杀害了第九世古鲁（Guru，意为上师、祖师）得格·巴哈都尔（Tegh Bahadur），得格·巴哈都尔的儿子，也就是他的继承者古鲁哥宾德·辛格（Guru Govind Singh）带领锡克教徒成为坚实的反莫卧儿武装势力。马哈拉施特拉地区的马拉地（Maratha）农民的首领希瓦吉（Shivaji）一度是莫卧儿盟友，但在奥朗则布死后，他带领马拉地农民，靠着蚕食莫卧儿帝国的余晖，成为大陆上一股重要势力。由于奥朗则布错失让希瓦吉归属自己阵营的机会，由希瓦吉创建的马拉地帝国侵吞了莫卧儿帝国的势力,成为继奥朗则布之后主要的印度国家。这似乎才是后续莫卧儿衰弱的主要因素,而不是奥朗则布的个人宗教倾向。

就在北方分头发展的同时,莫卧儿以强力终于征服德干,消灭了该区的苏丹国,并将各领地纳入莫卧儿行省（subah）中。然而,奥朗则布任命的总督很快宣布独立,并形成了一个王朝家族,即海得拉巴的尼扎姆（Nizams of Hyderabad）,他们的统治持续到20世纪40年代。征服德干之后莫卧儿的分裂,是突厥苏丹旧事的重演。代价惨重且艰辛的征服让突厥及莫卧儿势力成功深入印度大半地区,两者皆需要将大量资源集中在德干地区,而忽视了帝国北方的经济中心,也就是陀坡与恒河流域。军人与盟友因成功征服德干而致富、掌权,开始寻求自主并形成自己的国家。从这两个案例看来,导致分裂的力量似乎正是由成功的征服行动所带来的。

奥朗则布死后,莫卧儿势力衰微,收缩到德里与阿格拉附近区域。但在18世纪至19世纪初漫长的莫卧儿的余晖中,帝国荣光依旧存在。如同第十章将讲到的,1857—1858年,一场英属印度军的哗变,演变成想要将英国殖民统治者驱逐入海的大型起义。尤其是这些来自不同宗教与社群的起义者,都聚集到德里的莫卧儿皇帝周围。这一行动表明,他们相信莫卧儿是印度的合法统治政权,而非英国人。即便在帝国实质军事力量趋近于零的状态下，印度人仍旧视莫卧儿统治者为光荣和权威的化身。

伊斯兰教通过建立社群的力量，在阿拉伯人、伊朗人与突厥人之间建立了联系。那么一千多年间伊斯兰教与印度文明之间的关系是什么？又有什么关联？这段历史最耐人寻味的特点，也许正是伊朗在影响伊斯兰文化上扮演的角色。

在吠陀时代，伊朗是印度文化的表亲。阿拔斯王朝时期，过去信奉琐罗亚斯德教、佛教与摩尼教的伊朗精英仍带着印度色彩，他们在成为穆斯林后赋予伊斯兰文化全新的样貌。改宗后，他们将这些传统的一些方面引入了伊斯兰教。在伊朗和印度的伊斯兰教信仰中，我们发现有类似轮回、时间循环及神祇在世化身的印度教概念。例如，伊斯玛仪派（Ismaili）布道者向印度改宗者宣称，第四任哈里发——阿里是毗湿奴神的第十个化身。

这些伊朗精英甚至接受了前伊斯兰时期伊朗史上出现的圣王概念（Sacred Kingship），并将其与伊斯兰的先知传统结合在一起。在伊斯兰教中，伊朗的王权被视为第二神圣中心，与先知谱系平行。这种圣王概念有两个主要特色，以致无法直接将其简化为伊斯兰教法或法律中关于王权的宗教概念。首先，如同所有王者，突厥与莫卧儿统治者高于宗教，并为其进行仲裁。因此，统治者有一个持续的动力来维持公共秩序，而非增添内乱，增加社会对政府不满的理由。其次，波斯人带到印度的圣王概念是普世的，诉诸超越宗教界线的概念领域，特别是占星术、千禧年主义、时间循环及恶兆诠释。在这里可以再次发现印度与伊朗之间的文化联系：伊朗将美索不达米亚与希腊化世界的天文学、占星学传入印度，印度则在不同时间"反哺"。特别是占星术，是一种从印度到欧洲，在穆斯林、基督徒与印度教徒之间自由流动的"科学"。

因此，若以"文明冲突"的模型来看待伊斯兰文明与印度文明之间的关系，把二者视为完全互斥的两个封闭系统，是错误的。恰恰相反，阿拔斯时代的伊斯兰文明，在印度文明半影中发展出了独特的波斯-伊斯兰文化。伊斯兰文明对印度人的吸引力部分在于它的某些方面已经为人所熟悉，诸如圣王概念及苏菲派的虔敬主义和神秘主义；尽管伊斯兰文明以一种新形式突出了先知的传统，但它的某些方面确实是印度的。

第十章

欧洲人

欧洲商人
英国统治
印度与欧洲文明

第十章 欧洲人

自8世纪左右起，伊斯兰文明成功地扩张到了欧洲和亚洲的大部分地区，印度深受影响。这一扩张创造了一个贸易、外交、品位与知识的国际化世界，这个世界以不同方式深入并融合了印度文明，并对其加以借鉴和补充。通过伊斯兰世界，印度思想和发明得以在中古晚期传至欧洲。9世纪波斯象棋大师巴格达的阿德勒（al-Adli）认为印度对世界有三大贡献：恰图兰卡（古印度象棋），《五卷书》（*Panchatantra*，一本民间故事与动物寓言集），以及0的发明（意即数位记数法）。所谓的阿拉伯数字，实际上来自印度。

伊斯兰在亚洲扩张了8个多世纪后，欧洲国家自哥伦布时代开始扩张势力，横跨亚非，远达新大陆。这是一场真正的世界性扩张，比伊斯兰扩张范围更广，却建立在伊斯兰国家积累的地理知识和新的航海科技之上。通过不同的途径和崭新的方式，印度文明再一次受到深刻影响。

欧洲商人

欧洲势力向世界扩张前，对中古基督教欧洲来说，印度位于地球的边陲，在遥远的地平线，是一切事物都与欧洲截然不同的奇异之地。对欧洲人来说，由于缺乏经验佐证，印度的奇特性毫无限制地发展成怪异或美好的形象。例如，中古时期的动物图鉴经常写道，大象的腿像柱子一样，没有膝关节，一旦倒下就无法起身，因此必须靠在树干上站着睡觉。接着又说，猎人经常将树伐到一半，等大象靠上去跌倒而无法起身后将之捕获。各种关于印度的奇思异想，是古希腊作者留下来的，并被不断地转述。

中古欧洲对印度的印象十分梦幻，但并非是凭空捏造的，也有历史渊源。古希腊-罗马的遗产是这类印象的重要来源，中古欧洲人从中撷取了最富异国情调的图像。例如，大航海时代刚拉开序幕，欧洲商人冒险家前往印度之际，西方印刷术方兴未艾，《纽伦堡编年史》(*Nuremberg Chronicle*)于1493年出版面世，其中有对神奇的印度人种的描述——依靠气味为生的无嘴人和脚掌向后的人，这些都可追溯到公元前5世纪希腊作家克特西亚斯的道听途说。除了令人不悦的、奇异的想象外，欧洲人同时也对印度怀抱着美好的想象，认为它是奢华、富裕之地，有引人渴求的昂贵商品，比如钻石、丝绸、异国动物和香料。富有的声名自然是古代贸易的结果，如前所述，只有最珍贵的商品才能负担得起远程运输的高额费用。从《圣经》的所罗门王开始，印度一直是异国昂贵商品贸易的源头、古罗马奢侈品的供应地，比如珍珠、象牙、丝绸和宝石。如第八章所述，印度贸易导致的财富外流，甚至引起了当权者的警戒。罗马帝国崩毁后，欧洲经济逐渐恢复，在中古时期开始缓慢成长，印度商品再次涌向欧洲。然而，这时的印度是伊斯兰扩张时开创的庞大亚洲贸易世界的一员，伊斯兰商人和国家则成了欧洲与印度的中介。奥斯曼帝国在土耳其的建立（1299年）和发展，不仅恢复了哈里发在伊斯兰社群的领导地位，还进一步稳固了欧亚贸易中伊斯兰的核心地位。与欧洲国家不同，伊斯兰国家通过贸易、探险对印度有直接的认知，对欧亚地理也有更真实合理的了解。欧洲人撷取这些地理知识，再加上与印度及其他区域进行贸易而获得的经验，真实的印度才开始清晰起来。

威尼斯通过与东方的伊斯兰国家进行奢侈品贸易而致富，其他欧洲国家的商人迅速开始寻求绕过伊斯兰直接通往印度的通道。哥伦布猜测持续向西航行，终将到达印度，当他抵达新大陆时，他认为自己已抵达印度。哥伦布的假设是依据早期印刷的世界地图得出的。这些依据托勒密（约公元150年）的地理学所绘的地图有两个特点。一方面，当时并无确定经度的有效方法，根据托勒密提供的信息绘制的世界地图，过度估算了欧亚大陆的东西距离。由于地图将亚洲海岸画得过于靠东，导致观者可能认为欧洲到亚洲在另一方向的距离即跨越大西洋的距离不是太远。这些地图的另一个特点是，国家虽标了名称，却未标出疆界，看上去印度似乎包含整个亚洲，向东直达海岸。在托勒密的地图上，印度本土被称为"恒河内的印度"；"恒河外的印度"则指东南亚（恒河被认为向南流，分隔两个印度）；在中国北部则可见"上印度"字样：看上去印度就像是整个亚洲的名字。1545年的托勒密地图是以欧洲大航海时代增进的印度知识为基础修正的。[*]

西班牙很快占领了美洲和菲律宾，葡萄牙人则首先完成了另一个方向的成功探险。从公元1498年[**]达·伽马的航行开始，葡萄牙人采取南向航线，绕过非洲前往印度海岸。接下来一个世纪，葡萄牙人创造了一个海上贸易帝国，从印度西海岸的果阿到中国南部的澳门，通过与当地政府签订条约，这个帝国建立了许多小型陆上据点。葡萄牙人以纵横交错的武装船舰网络掌控海洋贸易，要求其他国家的船只向葡萄牙人申请特许状（cartaz），并规定某些商品只能与葡萄牙人进行交易。通过这个方式，葡萄

---

[*] 托勒密地图（Ptolemaeus，1545）是根据托勒密地理学绘制的早期地图。
[**] 达·伽马航行开始时间应为1497年，1498年是其达到印度的时间。——编者注

牙掌握了香料及其他商品的贸易。相对地，葡萄牙人也从美洲带回了影响深远的亚洲农作物：适应当地土地和气候的马铃薯和玉米；新的奢侈品如烟草与凤梨以及番茄与辣椒，难以想象这两种已深刻融入印度烹饪的作物，竟是在近代才引进印度的。如第九章所述，葡萄牙人在南印度的毗奢耶那伽罗王国的兴起中扮演了重要角色，即为其提供南方缺乏却又是对抗北方邻国所需要的马匹。

葡萄牙人还将天主教带到了印度，来自不同国家的天主教传教士开始学习印度语言、寻求信徒改宗，并试图在南印度古老的圣多马派基督徒（Thomas Christian）团体之上树立教皇至高无上的权威。圣多马派基督徒宣称由耶稣的门徒多马（Thomas）领入基督信仰。天主教的传教活动受到不同方向的拉扯，有时寻求融入印度文化，有时则想要脱离。在一个极端案例中，耶稣会士试图以印度人可接纳的方式介绍基督信仰，导致意大利耶稣会士罗伯特·诺比利（Roberto Nobili）采行婆罗门隐士的穿着与言行。然而，这种行为导致了印度的"礼仪之争"及稍晚教皇对耶稣会士的压制，最终被罗马禁止。另一个极端案例，则是在果阿建立的宗教法庭——因为担忧基督教受到印度教信仰与实践的影响，通过这种方式强化天主教徒的正统信仰。葡萄牙人控制印度贸易的高峰期，作为交易媒介的葡萄牙语在印度两侧海岸广泛使用，部分葡萄牙语词汇也进入印度语言中。例如印地语中的

"almari"（英语为"almirah"，指衣柜或斗柜）及"tauliya"（毛巾），显示出那个时代留下的痕迹。

西班牙与葡萄牙的野心很快发生冲突，最后由教皇解决了争端。教皇划下了一条穿过南美洲的子午线，给予葡萄牙巴西以东区域，以西区域则归西班牙。其他欧洲国家及公司也开始争取利益。公元1600年前后，在欧洲内部竞争的推动下，欧洲的政治、经济势力开始向世界各地扩张。英国人、荷兰人、丹麦人、法国人及其他国家的人共同成立东印度公司，垄断了母国与印度的贸易。这些公司中经营最得力者为荷兰东印度公司和英国东印度公司，它们与葡萄牙人在印度贸易竞争上形成三足鼎立之势。这场竞争的最后结果是，葡萄牙人被局限于印度海岸的一些小型贸易据点，荷兰人将力量集中在印度尼西亚和香料群岛*，英国人则逐步主导了印度的贸易。

在殖民统治之前，欧洲与印度的贸易在许多方面延续了旧日的罗马贸易，即印度向欧洲供应各种稀有商品，比如香料、宝石和奢侈的制成品，特别是织物，来换取欧洲的金银。虽然这些贸易关系在很长一段时间内大体上是稳定的，但欧洲扩张时期的贸易方式却相当新颖，其中涉及创立贸易公司，这些贸易公司拥有本国在亚洲贸易的垄断权，利用武器自卫并压制竞争对手。这些

---

* 即东印度群岛。——编者注

公司并没有促进自由和平的贸易，而是以武力维持垄断。他们与印度政权建立政治关系，建立并维持陆上的小块飞地，在飞地收集具有交易价值的商品运送回国，同时也出售来自欧洲的商品。欧洲各国的东印度贸易公司并不仅仅是商业投机，他们必须发挥政治作用，与印度统治者进行谈判。这些情况导致了欧洲通过一群商人统治印度领土及其人民，这在印度史无前例。

英国统治

欧洲国家之间的竞争推动着17世纪以降欧洲帝国强权向国际扩张，而这些竞争也投射到全世界。英法竞争在18世纪中期产生了特别重大的影响：英国终结了法国在加拿大的统治；北美13个殖民地在法国协助下反抗英国统治；英国在印度东部（孟加拉）建立属地统治。征服印度领土，正是发生在英属东印度公司军队与其印度盟友对抗法国东印度公司与其东印度盟友的时期。这是英属印度帝国的开端。

在欧洲和加拿大，法属国家和英属国家的战争方兴未艾，法国东印度公司与英国东印度公司也在印度掀起战局，并将双方的印度盟友牵连其中。因此在印度，英法的竞争并非两国政府直接对抗，而是通过商人和印度王公组成的联盟。这些印度王公给予商人贸易优惠，并出租海岸小块地区作为贸易站。这些地方虽被称为商馆（factory），但并非商品制造地，而是仓储场所，因负责管理的东印度公司商务代表被称为馆员（factor）而得名。某些商馆配备武力，由欧洲军官带领印度士兵守卫。贸易公司的武装力量，现在成了战争实体，也将印度政府和军队卷入英法的商贸与国家竞争之中。长期复杂竞争的最后结果，是英国东印度公司的军队在罗伯特·克莱武（Robert Clive）的带领下，于公元1757年在普拉西（Plassey）击败了莫卧儿帝国的孟加拉总督西拉杰·乌德·达乌拉（Siraj ud-Daulah）。克莱武的胜利是因为事先与西拉杰·乌德·达乌拉的两名将领订下秘密协定，两人按兵不动，克莱武则以其中之一的米尔·贾法尔（Mir Jafar）取代西拉杰·乌德·达乌拉，成为孟加拉总督。不到数年时间，英国东印度公司成了孟加拉实际上的共治者，并获得了德里莫卧儿皇帝的敕令，权力正式得到认可。莫卧儿皇帝赐予英国东印度公司迪万尼权（diwani，即国家的财政管理权），与既有的政治、军事管理者并行。这一情况前所未闻：一家英格兰来的商贸公司，在印度皇帝授权下，变成孟加拉的统治者。某种意义上说，英国东印度公司是莫卧儿的诸侯之一，但这不过是为公司的军事力量和外交策略披上了一件合法外衣。

在之后的岁月里，英国人总爱说他们稀里糊涂地就在印度建立了一个帝国。然而过程并非这句话所暗示的那般轻率和清白。英国东印度公司过去确实想效仿荷兰掌控领土，却未成功——荷兰人在锡兰（斯里兰卡）统治着大片土地，而锡兰王国则撤退到内陆山区。英国统治印度的直接原因是英法在世界范围内的争霸，两国的东印度公司也加入争霸，而英国接管了孟加拉的财政管理权，这是始料未及的结果。

无论如何，英国东印度公司的转变都是深刻的：从一家在印度海岸拥有微不足道的领土以获利的贸易公司，转变成了一个治理型政权，治理着广阔而不断扩大的农业领土，它必须向这些领土征税，并在其上维持法律和秩序。这是"东印度公司统治"时期（Company Rule）的开始。从1765年英国东印度公司接管孟加拉财政管理权，到1858年印度民族大起义被镇压，约有一百年时间。镇压起义后，英国政府结束了"东印度公司统治"，改为"直辖统治"（Crown rule），意即英属印度改由英国政府直接统治。"直辖统治"同样延续近百年，从1858年起到1947年印度独立为止。

英国东印度公司在印度创造出全新的帝国。先前的外国统治者都是以征服者的身份带着陆军来的；这次却是从商贸公司转变成领土统治者。先前入侵者进入印度后开始定居，视印度为自己和后代的家园；英国人则派出十七八岁的年轻男性担任文官和武官，但他们都计划在退休后回归英国，仍将英国视为自己的家乡，留在印度的，多是大批英年早逝而不得不葬在印度的部分英国人。虽然不时浮现出采取殖民美国、加拿大和南非的模式来殖民印度，但英国东印度公司还是忍住了。东印度公司不希望大批自视甚高的欧洲移民与占人口多数的印度人发生冲突，因为这类冲突将危及英国统治。出于同样的理由，英国东印度公司也尽力阻止官员以外的欧洲人前往印度，包括传教士。事实上，英属印度政府中的欧洲人始终相当少——文官约有3000到5000名，军中的欧洲人相对较多——负责督导一大群印度雇员。他们与家乡的联系仰赖船只，尽管船只的设计和航速有所改善，但航程通常仍需六个月。这种相对快速的沟通方式造就了全新的帝国：人数不多的英国东印度公司职员在英国出生、受教育并归葬英国（若活得够久），但成人后的大半时光却在印度度过，在远在伦敦的公司总部——东印度大楼的指挥下，参与行政管理或参与英国东印度公司的商贸活动。基于以上原因，英国治下的印度与欧洲的关系，在政治、组织和宗教特征上，都和印度与伊斯兰世界的关系截然不同。同时，印度作为扩张中的大英帝国的殖民地，其统治情况相较于其他的英国殖民地，如加拿大、北美13个州、澳大利亚、新西兰、西印度群岛乃至稍晚的南非等，迥然不同。

英国东印度公司在印度的军事胜利，是由英国人指挥的占多数的印度士兵和占少数的英国士兵取得的。成功的关键并非军事技术，比起当时已全盘进入火药时代的莫卧儿帝国及其他印度政权，英国在使用大炮、火绳枪和燧发枪上并未十分领先。欧洲的优势在于运用训练良好的士兵紧密组阵，形成快速、密集的火力。

第十章 欧洲人

新的军事组织技术在一开始就取得巨大胜利，英国指挥小股兵力击败了大批印军。然而这一优势无法长存，事实上印度王公也快速学会聘用欧洲军官（特别是拿破仑战败后失业的军官），向自己的军官和军队传授欧洲战阵组织技巧。因此，英国需要组织更大规模的军队和盟友来对抗印度对手。

英国在印度取得军事胜利的另一个关键因素，在于英国与部分印度统治者联手，共同对抗其他印度敌手。这些盟友在英国统治期间，仍旧保有领土统治权，但也需付出代价，包括将外交事务交付英属印度政府管辖，同时贡献资源维持印度军队，有时甚至要通过割让领土来完成。这些"土邦"（princely states）持续存在于英属印度之外，自行管理税收、行政和武装力量，但皆有英国所派的"驻扎官"（resident），这些驻扎官向各土邦传达英国政策，并不时插手土邦内部事务和王位继承。印度王公在扩大并巩固英国在印度统治的联盟策略中，扮演了重要角色，但是，随着时间流逝，王公的政治功能不断萎缩，英国开始视其军队为英属印军，在两次世界大战时又视其为便宜又管用的储备军。英国统治的两个世纪中，土邦的存在让印度的政治版图呈现出拼凑状态：英国直接统治的大片地域夹杂着土邦，有些土邦的面积比英国的更大，有些则比美国的一个县还小。整体来说，直到英国结束统治为止，这些土邦占据着印度这片大陆约三分之一的面积。

1857年，印度土兵（sepoy）在德里附近的密拉特（Meerut）

哗变，反抗英国军官，哗变继而更扩散、转变成对英国统治的全面起义行动，席卷了北印度多数区域。造成这波不满的原因众多，但主要导火线却是恩菲尔德来复枪（Enfield rifle）的引入。来复枪的子弹须要用动物油脂润滑，因为多涂用牛油和猪油，激怒了印度教徒和伊斯兰教士兵。之前也发生过哗变，最知名的是1806年南印度韦洛尔（Vellore）的哗变。那一次的哗变也有宗教信仰受到冒犯的成分：下令采用新的穿着规范，要求戴欧式帽子并禁止蓄胡、戴耳环及在前额画宗教记号。不过，韦洛尔和其他驻地的哗变很快就被压制，并未扩散；1857年的哗变及引发起义的怨愤快速发酵，掺杂了印度王公对自身待遇和持续丧失权力的不满。造成这种情况的主要原因之一是所谓的"无嗣失权"（lapse）政策，在这项政策下若土邦没有直系继承人，就会被取缔，长此以往，所有的土邦都会被取缔并被纳入英属印度。这场哗变很快发展成全面性的军事起义，试图重建英国统治之前的莫卧儿帝国，恢复马拉地的统治者"佩什瓦"（Peshwa）和印度王公的统治，并将英国人逐出印度。起义军占领了德里，宣布莫卧儿皇帝巴哈杜尔·沙二世（Bahadur Shah II）为印度皇帝。事实上，莫卧儿皇帝一直是正式的印度皇帝，如前所述正是他将孟加拉的财政统治权赐予英国东印度公司，开始了英属印度时期。起义扩散到了坎普尔（Kanpur），由最后一任佩什瓦的儿子那那·萨希布领导，此外起义还扩散到勒克瑙（Lucknow）

和中印度部分区域。在中印度，英勇的反抗势力由章西女王（Rani of Jhansi）领导。起义扩散至北印度各地军区，但其他军区仍旧维持对英国的忠诚，并镇压起义军。经过一年，起义终于平息。这是一场由军队和旧土邦精英领导的独立战争，但力量并未联合在一起。起义行动最终失败了，印度脱离英国统治的独立，要等到近一世纪后才会在新精英的领导下到来，这些精英对于国家有十分不同的设想。1857年的起义并未扩散到印度全境，但是却在全印度备受瞩目，宣示了许多印度人对殖民政权的不满。

起义失败后，英国人一面压制一面尝试和解。哗变者，至少是那些被认为直接参与杀害英国人的哗变者，受到了严厉的公开惩处，有些被绑在大炮口，轰成了两半。莫卧儿帝国正式灭亡，巴哈杜尔·沙被流放缅甸，并在那里度过了晚年。1858年11月1日，维多利亚女王正式下诏，直接管辖印度；从这时起，公司统治正式结束，印度改由伦敦的议会直接管辖，而非由议会授权英国东印度公司代管。英国王室声明，确保印度宗教将不受干涉，土邦的领土和权利不受侵犯，并将英国试图改造印度社会所引起的宗教恐慌和盟友的不满归为哗变主因，似乎要放弃19世纪30年代制定的印度社会改革计划。军队也被重组了。印度长期以来有两种军队：一种是英国军官、印度军士和印度土兵组成的印度军；另一种则是英国军官和士兵组成的英国军。现在，印度军中的英国军官人数增加了，英国军的规模也扩大了。而最重要的后果也许是，起义者杀死英国人以及起义失败后英国人对起义者的严厉惩罚所造成的英国人与印度人之间的裂痕。之后，对英国统治的反抗在新领袖的带领下，有了全新的形式，也有了全新的目标：将印度变成像欧美一样的民族国家。

印度与欧洲文明

英国的殖民统治，是印度与欧洲文明亲密接触的通道，统治的特性决定了印度受欧洲影响的方式。

英国在印度推行欧洲文明的政策是逐步形成的。英国统治初期的条件更适合推行相反的政策，也就是尽量少涉入印度人的传统和习俗。在印度的英国人是股份公司的员工，前来印度是要为英国股东谋取利润，而非为了印度社会的欧洲化进行某些困难又无利可图的计划。因此，当时的政府是最低限度的政府，功能仅限于维护法律和秩序。虽然在英国议会要求下，东印度公司曾拨出可怜的10万印度卢比以推动教育和知识复兴，但这只是个便宜行事的政府，对教育、改革和改善人民生活并无责任感。此外，当时人们认为，英国东印度公司的统治不会长久，若采取冒犯行动，激起印度人民动乱，统治会更早结束。外国人的统治必然不受欢迎，用第一任总督沃伦·黑斯廷斯（Warren Hastings）的话来说，政府的目标是"减轻钳制当地人的枷锁"，也就是在不影响公司利益与稳固统治的前提下，尽可能在各种事务上减轻统治的"重量"。如此思维形成数种政策，最重要的是关于宗教、家庭和土地税收的政策。

天主教传教士，特别是耶稣会士，在葡萄牙人的协助下长期居住于印度，传播基督信仰。最成功的传教行动之一，是意大利耶稣会士康士坦丁努斯·贝斯奇（Constantius Beschi）完成的，他将大量基督教文献译为泰米尔语，并成了泰米尔语专家。清教徒加入传教的脚步较慢，最早的是丹麦人，活动在南印度[特兰奎巴（Tranquebar）]和孟加拉[靠近加尔各答的塞兰布尔（Serampore）]的贸易站点。来自德国哈雷市（Halle）的路德宗传教士在丹麦国王支持下，与南印度建立了长期联系。

然而东印度公司在自己领土上却禁止传教活动，认为此举将激怒印度人，无论是印度教徒还是穆斯林，会危及公司的业务。因此1812年的战争后，首位离开新英格兰前往印度传教的美国人艾多奈拉姆·耶德逊（Adoniram Judson），刚抵达马德拉斯（Madras）就被送进了监狱，他不得不转向缅甸宣教。禁止宣教的命令固然降低了印度人对英国统治产生不满的潜在风险，但在英国本土却饱受批评，因为这一政策并非没有代价，特别是19世纪初英格兰正面临福音派的浪潮。无论如何，这道禁令推行了数十年，直到1813年英国东印度公司更新特许状时，英格兰支持传教的意见才终于迫使议会终结了这道禁令。这时，早在英国国教会遣送传教士进入印度前，英国浸礼派传教士克里（Carey）、马士曼（Marshman）和沃德（Ward）已通过丹麦在加尔各答附近的塞兰布尔传教，并取得些许成果。虽然相较于印度全体人口，改宗基督教的人数极少，但传教团带来了许多重要影响，特别是通过学校和批判印度教所产生的影响。

东印度公司虽然在传教禁令上做了让步，但并不干涉印度人的家庭事务，其影响直到今日依旧存在。在英国，家庭法律的相关事务由英国国教会的教会法庭裁决，印度殖民政府以英国模式为本，在初期就认可印度存在独立的印度教法和伊斯兰教法，并由各自的法庭管辖婚姻和继承等相关事务。至于刑法和合同法则全印度皆同。在家庭事务上，殖民统治延续了印度教徒的古代梵文法典（法论）和伊斯兰教法，甚至可以说扩大了这些古老经典的权威，后者几乎要取代地方习俗。英国政府不想干涉这些法律，在家庭事务方面的立法十分有限。因此，当欧洲开始发展世俗婚礼时，印度世俗婚礼的发展仍旧十分有限，多数必须由宗教权威主持。虽然印度独立后，议会为印度教徒及其他人制定了新的婚姻法和继承法，但印度的伊斯兰教法仍旧是一个独立的领域，自殖民时代以来，并行的盎格鲁法和伊斯兰教法基本未曾改变。以印度教徒为主体的印度议会，将法论权威搁置一旁，为印度教徒制定家庭法。但是，议会也感到若插手以宗教为根基的伊斯兰教法在政治上会十分敏感，因为穆斯林在印度是少数。结果是，印度并没有一套适用全体印度人的婚姻继承法。印度教徒的法律改革后已与当前情境同步，而穆斯林的法律则仍由宗教权威控制，议会无法改变：这一僵局是印度共和国中印度教徒与穆斯林之间持续冲突的根源。

最后，在土地税收方面，东印度公司早期也倾向于尽量少干涉，采行永久地税制。在这一制度下，拥有数以百计村庄的柴明达尔（Zamindar）每年需要交固定数额的税，此外每一分多出的收成都为柴明达尔带来净利，不需与政府分享。这就促使柴明达尔投资改良农业以提高收成。永久地税制对英国统治者也有利，将向农民收税的责任转嫁到柴明达尔身上后，政府便不需要维持大批低阶收税官员。

最低限度干涉与不改革的政策立场，在19世纪初逐渐受到各方面的压力。各方力量合流，在英国形成一股依照欧洲模式改革印度的强大声浪。改革浪潮始于土地税收。绝大多数印度人都是农民，因此土地税收是政府的主要收入。农产品如何入税对统治者与被统治者双方均有重大影响。1792年，南印度内陆区域落入英国手中时，托马斯·门罗（Thomas Munro）是测量新获得的土地并制定租税的军官之一。他将地税定在莱特（ryot，印地语为 raiyat，农民）身上，而非大地主柴明达尔身上。通过门罗的倡议，莱特瓦尔（Ryotwari）制度取代柴明达尔制度，成了南印度和孟买地区未来租税协定的标准。这套制度的目的，在于赋予农民明确的土地所有权，因此拥有田地的是农民而非富裕的柴明达尔，农民才是提高农业收成的动力。这种举措同样带来政府组织的革命。为确保农民缴纳应付税款，政府需要一大群低阶收税员，在各省各区的英国租税官之下，测量每块田地，评估并收纳税金。由于这些收税员薪资低却有大把盗用公款和敲诈纳税人的机会，租税官被赋予可任意调查并解雇手下的无限权力。此外，租税官的行政权与东印度公司法庭的司法权原本是分割的，但现在，租税官也获得了极大的司法权。这项情况与英国政府行政、立法、司法三权分立的原则截然相悖。然而自这时起，这已然成为印度地方政府的通用模式：一名高薪的英国租税官，享有极大的行政权与司法权，管理着大群低薪的印度收税员。通过这种方式，政府能够直接触及每位农民，而非以大地主为媒介。

除了土地税收改革及其背后通过私有财产权和激励个人收益促进发展的自由主义倾向（虽然明显是在不甚自由的租税官监视下），改革还受英格兰的两股自由改革力量推动：寻求政府改革的功利主义运动与寻求社会改革的福音运动。这两股与印度有关的力量，分别由功利主义领袖詹姆斯·穆勒（James Mill）以及与福音派有关的托马斯·巴宾顿·麦考莱（Thomas Babington Macaulay）、查尔斯·特里维廉（Charles Trevelyan）为代表。他们并非天生的盟友，事实上麦考莱曾针对穆勒知名的关于政府的论文发表严厉攻击。是环境促使他们结盟，特别是在印度。穆勒高度欣赏门罗的税收制度；麦考莱和穆勒在印度人中推广英语教育，而非印度法律使用的传统语言——梵语、波斯语和阿拉伯语。双方从各自的立场出发，都希望通过大量传播欧洲思想来改变印度。19世纪30年代的英国也面临许多改革，比如扩大选举权及改革议会以使其更具代表性、更对选民负责。英国的自由改革促使印度也由上而下推动自由主义概念，然而这个政府负责的对象却不是被统治的人民，而是遥远的英国议会。这一矛盾可视为某种自由主义的专制（liberal despotism）。上述新的政策立场得到了新印度政府理论上的支持。早期的英国统治者的头脑十分清醒，他们的工作是为了公司股东的利益，而非别的；现在志向改革的新统治者则说服自己和他人，他们是为了印度人的利益，是在以欧洲文明为范本，通过社会和政治的逐步改革，为他们在遥远未来的自治做准备。

英国统治期间，欧化改革的浪潮逐渐平缓。例如，1857年起义后，英国人认为印度人反抗英国统治是由于过度欧化的改革，有必要采行比较保守的政策，以平息印度人对宗教和生活方式受政府政策侵蚀的恐惧。因此，与宗教和社会习俗相关的问题，特别是家庭法，被从欧化改革中移出。即便如此，欧洲势力和在印度流传的欧洲思想，仍旧在印度人身上造成了革命性的影响。这些影响并非总是清晰明朗的，有时甚至相互矛盾，接下来我们将逐一分析。

在家庭和亲属关系方面，维护古老婚姻法和继承法的强烈愿望，使得印度教徒和穆斯林长期以来适用于各自的法律体系，某种程度上，这个愿望也扩大了梵语法论和伊斯兰教法在印度社会的范围。家庭和亲属关系的事务，仍主要掌握在宗教权威手里，受到政府法庭支持。新法改革除了通过法官在诉讼中的裁决外，几乎没有触及家庭和亲属关系这一层面的事务。如此看来，英国统治带来的影响是相当有限的。另一方面，基督教传教士对印度教和伊斯兰教的批评，主要集中在家庭和妇女地位上，尤其是童婚和女性隔离等议题。这些传教士对印度教社会行为的批评，虽未能带来大批改宗信徒，却在印度人之间激起要求改革家庭法的运动。这些运动最终带来了重大改变，例如提高法定结婚年龄及给予子女平等的继承权。

欧洲文明影响最深刻的领域，莫过于政治。虽非出自本心，但英国人确实将人民主权的理念作为政府模型带到了印度人面前。印度政府是在英国人民主权之下，而非印度人民主权之下；换言之，对印度而言这个政府实为专制政府，恰恰违背了人民主权理想。在新成立的殖民地高等教育机构中，印度人通过英语不断接触欧洲习俗和思想，不可避免地发现人民主权的理想正席卷欧美，此一理想开创的政府自此成为国际纷纷仿效的典范。印度人在古代就知道共和政府形式，然而王治（rajya）自形成之日便已成为政府模型，因此到了殖民时期，人民主权的概念是古老的，几乎被人遗忘，但也是新颖的。人民主权是大英帝国自由主义意识形态的核心，而印度自治则是英国监管的终点。将人民作为政府权威唯一合法来源的思想，与殖民关系全然冲突，因此很快引发了要求民族自治的运动，其中最早的运动就出现在19世纪中叶。这一影响引发了反抗英国统治的民族主义抗争，以及最终的独立。

欧洲文明对印度影响的第三个方面是关于高等教育，特别是科学和技术。在这一点上，大英帝国形成的时机有重大影响：取得印度领土统治权后不久，英国就经历了工业革命并成为世界上第一个工业化国家。工业革命的成果深刻地改造了英国，也同样深刻地改变了英国与印度的经济关系。直到1800年左右，欧洲一直支付大笔金钱购买来自印度的昂贵商品，特别是各种织品。许多与织品有关的词汇通过贸易被引入英语，例如印花布、平纹细棉布、轧光印花布及头巾。英国人擅长在欧洲市场销售羊毛织品，却无法将其销往印度，甚至还需要通过阿姆斯特丹的市场取得新大陆白银来交换印度布料。这种贸易形式自罗马时代以来，几乎未曾改变；当时印度也是以手工业制品交换钱币的。然而1800年后，当曼彻斯特的英国实业家发展出以机器生产棉布的纺织业时，英国与印度开展贸易的形式开始剧烈变化。新工业制造出廉价棉布,即便算上从美国、地中海将棉花运往曼彻斯特再从曼彻斯特将棉布运往印度的运输费,英国生产的棉布的价格也还是低于印度的手工棉布。此外,英国统治确保曼彻斯特棉布在印度不受关税阻碍;若印度仍由印度人统治,则必然会有关税壁垒。当然,工业化在英国也造成了社会动荡,手工纺织业也遭到破坏,许多自营织者失去生计,被迫成为赚取薪资的工厂工人。这些影响传到全球,无法遏止;若印度享有自治权,也许可以减缓、减弱这波社会影响。但整体结果是印度成了原料产地和(机器生产的)产品进口国——恰好与过去的贸易方向相反。然而,手工纺织业的毁灭并非故事的终结。长期来说,印度企业家也开始进口英国机器设备,在印度发展机械纺织业,并击败了英国的纺织产业。长远来看,自由贸易环境下,新科技的传播有利于印度企业家经验的积累,但也导致了印度工人的低工资。

纺织品的故事体现了欧洲新科技对印度的巨大影响,另一个案例则是铁路的引进。铁路完全融入印度人的日常生活,对各地人民来说是不可或缺的交通工具。印度人快速吸收工程与科学知识,为己所用。印度过去在数学和天文方面的成就,不仅对欧洲人在文艺复兴时期的科学有所贡献,还为印度人吸收欧洲的科技新知奠定了基础。古印度的科学,在中亚、东亚及东南亚的印度文化圈留下印迹;其语音学和语法学也通过欧洲的梵语研究及印欧语系的发现,改变了欧洲。思想交流从来不是平等的,但也并非单向发展。

最后,欧洲知识对印度最深刻的影响,也许在于历史观念。欧洲人深入研究《摩诃婆罗多》《罗摩衍那》和《往世书》,完全推翻了对于印度古老过往的认识,此外他们还将印度与其他国家和文明的历史联结在一起。新的历史和崭新的民族国家政治理想,共同形成了关于印度的新概念,并铺就了通往未来、通往独立的道路。

第十一章
民族国家

印度民族主义的兴起

甘地与真纳

印巴分治与独立

第十一章 民族国家

过去数个世纪中，民族国家这一政治理念已然成为国际常态。然而何谓民族国家？"民族"一词存在已久，远早于任何民族都应有其自己国家的理念。因此，英国统治者虽然一开始就将印度人视为一个民族，但并不认为"民族性"是赋予印度人脱离外国统治的道德基础。然而，先是1776年*的美国独立战争，其后是1789年的法国大革命，使人民主权的思想开始在欧洲各民族之间传播。这一思想认为，人民的意志而非君主的意志，才是统治的正当基础和法律的正当来源，而法律由人民代表在立法时代其行使。正是人民主权将民族与国家这两个概念联结在一起：若人民为主权来源，则每群人或每个民族皆应有其国家。投票选举制通过选出代表将人民意志神圣化。这一理念在19世纪成熟

---

* 美国独立战争始于1775年4月的"莱克星顿枪声"事件，1776年通过的《独立宣言》，宣告了美国的诞生。

并开始传播，在 20 世纪成为主流思想。在第一次世界大战结束后，伍德罗·威尔逊（Woodrow Wilson）在和平谈判中提出民族自决原则，表达了这一理想并将其制度化。国际联盟（League of Nations）与联合国（United Nations）这两个国际组织，在 20 世纪都强调普通的政治单位是自我管理（self-governing）的国家。

民族国家概念的发展深刻影响了印度，激起了印度人对英国统治的反抗。英国统治和欧洲文明激发的各种宗教反响，再加上一些来自欧美的新政治思想，共同为印度民族主义的兴起铺就了道路。

印度民族主义的兴起

拉姆·莫汉·罗伊

王公拉姆·莫汉·罗伊（Ram Mohan Roy, 1772[*]—1833 年）生活在莫卧儿帝国末年和英属印度初年，是他那个时代最有趣的人物之一。他出生于孟加拉的婆罗门家庭，父系先辈多代在莫卧儿帝国担任世俗职务，而非祭司或宗教导师（母系先辈则从事这类工作）。因此，为了承续政府公职，拉姆·莫汉·罗伊接受了

---

[*] 原文为 1774 年，据《世界百科全书》改为 1772 年。——编者注

波斯语和阿拉伯语的教育，同时也学习梵语。在这一背景下，加上广泛游历英属范畴之外的印度，拉姆·莫汉·罗伊成了莫卧儿帝国晚期的学者和开明印度绅士。他见多识广，对于世界事务和印度教改革深感兴趣。他想改革印度教的想法，出现在接触了反对偶像崇拜的伊斯兰教之后。16岁时，拉姆·莫汉·罗伊写下一篇文章，倡议印度教去除偶像崇拜。

如拉姆·莫汉·罗伊在简短自传中所述，他一开始对英国统治十分反感，但最后却认为英国虽是外国统治势力，但"能更迅速并切实改善本地居民生活"，因此他选择任职于英国东印度公司。拉姆·莫汉·罗伊精通英语，在一些社会、政治改革中成为一名雄辩滔滔的作家和演说家，他对伊斯兰教的兴趣延展到了基督教。拉姆·莫汉·罗伊研究了希伯来语与希腊语的《圣经》，以英语写下《耶稣的箴言：和平与幸福的指南》（*The Precepts of Jesus, the Guide to Peace and Happiness*）一书，这本书进而被翻译成孟加拉语和梵语。这本书直接以理性和伦理体系陈述耶稣的话语，褪去了历史和神话成分，类似同时代美国的托马斯·杰斐逊（Thomas Jefferson）所写的著作。

拉姆·莫汉·罗伊的改革构想，兼具政治性与宗教性，因此他除了游说政府进行多项政治改革外，还开创了印度教宗教改革运动，即"梵天斋会"（Brahma Sabha）。政治改革方面，他提出请愿，反对1827年的《陪审团法案》。这个法案将欧洲人特权和宗教歧视引入英国传统的审判团制度。拉姆·莫汉·罗伊雄辩滔滔地提出印度人反对该法案的原因。他说："这项法案使得任何本地人，无论是印度教徒还是穆斯林，都要屈从于基督徒做出的审判，而审判他们的基督徒既可以是欧洲人，也可以是本地人；然而基督徒，包括本地改宗者，则可免受印度教徒或穆斯林陪审团裁判的不公正对待，无论这位裁判的社会地位有多高。"拉姆·莫汉·罗伊晚年前往英国，在英国议会召开的关于更改东印度公司特许状的听证会上，直陈改善印度行政制度的必要。最终，拉姆·莫汉·罗伊在英国过世。

拉姆·莫汉·罗伊推动的社会改革的若干领域多数与印度教社会中低种姓和妇女承受的法律不平等有关，而这些恰恰是采取不干预政策的英国政府不愿涉入的领域。例如，他倡议允许妇女继承家族财产，允许寡妇再婚，并反对一夫多妻。最著名的是，他极力主张废除撒提习俗（sati，或常见拼法 suttee）。这是一个不常见却令人惊讶的习俗：印度教寡妇在去世丈夫的火化坛上自焚殉葬，被视为女性对丈夫忠贞的表现。这项倡议引起了英国基督徒的共鸣，他们向政府施压，要求政府采取行动废除撒提习俗，这就迫使英国东印度公司去干涉一向不愿涉入的印度教习俗。拉姆·莫汉·罗伊倡议废除撒提，并且质疑它是印度教法律的规定这一说法，怀疑它是否是吠陀的命令。他列举梵语文本和弥曼差派诠释法则（见第七章），证明这一习俗并非印度教法的规定。

拉姆·莫汉·罗伊对撒提问题的立场与其对印度教改革的想法一致，他重新诠释了印度教和印度的历史，以支持改革政策。拉姆·莫汉·罗伊认为，他反对的许多社会和宗教习俗，都是吠陀经典中未曾发现的腐化习俗，是后世逐步渗入印度教的。因此，他主张的改革，实际上是重返纯净的吠陀或吠檀多派印度教，去除社会陋习，简化仪式。因此，他虽然受伊斯兰教和基督教的启发批判印度教，但并不是鼓励脱离印度教，而是激发印度教自身的改革。这股思想形成的梵天斋会以吠陀诵读为核心，与印度教庙堂中的偶像崇拜不同。比梵天斋会本身更重要的是它的改革思想和对印度教的历史观。

宗教改革

梵天斋会是局限于加尔各答精英圈子里的小规模运动，创办人去世后即萎缩。然而戴宾德拉纳特·泰戈尔（Devendranath Tagore）却在其启发下采用类似的名称"梵社"（*Brahma Samaj*）并将之拓展成传道运动。梵社拥有入社仪式、带薪传道者和传播讯息的期刊《真理向导报》（*Tattwabodhini Patrika*）。通过这些方式，梵社很快在孟加拉各处传播，开立分社；虽然未曾转成群众运动，却是印度教改革中的典范。梵社致力于推动一神论和废除偶像崇拜，还致力于改革印度教的社会法与习俗。1865年，这波运动分裂成两大阵营，较为极端的一支在凯沙布·钱德拉·森（Keshab Chandra Sen）的带领下，偏向于虔敬主义而非梵语、婆罗门色彩，在全国社会改革中颇具影响力。这支改革力量在废除童婚和一夫多妻制、支持寡妇再婚的立法过程中，扮演着重要角色，此外还为世俗婚姻制度打开了一扇窗。这扇窗虽小，但仍为不属于任何宗教组织的人开启了一线生机。

梵社在印度各地都拥有一定的知名度，甚至在马德拉斯、孟买和旁遮普成立了分社。虽然它主要是发生在孟加拉的改革运动，但其影响力却传出了孟加拉，传播到英属印度的大城市，在受过欧化新思潮洗礼的专业人士中流传。在凯沙布·钱德拉·森支持下，孟买发展出类似运动，称为"祈祷社"（Prarthana Samaj），成为印度教内部坚实的改革运动。祈祷社虽虔信中古时代马哈拉施特拉地区的印度教圣人，但也致力于社会改革工作。法官马哈德夫·戈文达·拉纳德（Mahadev Govinda Ranade）终身倡议改革运动，并成为印度国民大会党（The Indian National Congress）的创建人之一，展现了宗教改革和社会改革发展成民族独立运动的历程。

达耶难陀·娑罗室伐底（Dayananda Saraswati，1824—1883年）成立了"雅利安社"（*Arya Samaj*），在他的启发下，旁遮普的宗教改革运动有着截然不同的形式。达耶难陀并非接受英文教育并受到欧洲知识洗礼的都市精英，他是一名僧侣（*sannyasi*），不谙英语却熟稔梵语。他的运动很快传到整个旁遮普和恒河流域。他的改革信念，一言以蔽之，就是"回到吠陀"。他认为吠陀与吠陀社会无种姓之分，不崇拜偶像，没有众多神祇、庙宇和繁杂的仪式，只有以圣火为核心的简单崇拜仪式。他也反对《往世书》等后吠陀时期留下的大批文献，视其为腐化现象。达耶难陀·娑罗室伐底通过出版、积极传道和主动邀请其他宗教的印度人改宗，来推行印度教改革运动。

同一时间，一个被称为"罗摩克里希那传道会"（Ramakrishna Mission）的僧侣团体，在加尔各答掀起另一场十分不同的运动。传道会的名称来自迦梨女神庙（Kalighat Temple）的一名苦行僧罗摩克里希那·帕拉马汉萨（Ramakrishna Paramahamsa，1836—1886年），他宣称可以通过其他宗教途径通达天听，不论是印度教、伊斯兰教还是基督教。他没受过太多教育，却深具个人魅力与天赋，吸引了大批受过大学教育的孟加拉青年，这些青年成了罗摩克里希那传道会的创建者。其中最有名的弟子是兰特拉纳特·达塔（Narendranath Datta），法名为斯瓦米·韦委卡南达（Swami Vivekananda，或称辨喜，1863—1902年）。1893年，韦委卡南达前往芝加哥参加多国宗教领袖齐聚的世界宗教大会（Parliament of Religions），成了国际知名人物。他的藏红花色袍服和头巾给美国人留下了深刻的印象，他的演说一路传回印度，他也以全国甚至世界知名的形象凯旋。韦委卡南达成功将大学教育与罗摩克里希那导师的教诲融合在一起，认为西方的物质文明较为先进，特别是科学和技术，而东方，尤其是印度，则长于精神文化，而两者都是人类所需的。这一主张广为印度人和西方信徒所接受。罗摩克里希那传道会很快在印度开枝散叶，更成为在欧美推广瑜伽并改革印度教的先锋。

面对欧洲的新情势，印度人反应不一。在殖民统治的约束下，不得不对欧洲模式妥协，政治观点的直白表达仍受到限制，只有宗教事务不受政府过多干涉。因此，只要不直接冲撞印度的外国统治者，宗教领域反倒成为相对自由的言论空间。这种情势让宗教逐渐成为公共辩论与行动的重要领域。前述的改革派运动知名度高且影响力深，但绝非群众运动。它们在塑造民族意识方面有一定影响，但是在某些方面，同时期发展的其他传统宗教复兴运动范围更广、影响更深。在印度教运动中，保护牛类和复兴虔爱主义的运动都非常受欢迎。

印度穆斯林对欧洲思潮的反应也不一致。这个时代的重要成就之一，是由赛义德·艾哈迈德·汗（Sayyid Ahmad Khan，1817—1898年）在阿利加尔（Aligarh）成立的穆罕默德盎格鲁东方学院（Muhammedan Anglo-Oriental College）。长期掌握统治权和大片土地的伊斯兰教，在接受新的大学教育与欧洲新知的速度上，落后于印度教徒。建立阿利加尔学院是为了提升穆斯林的教育水平，希望他们在接受伊斯兰教育的同时，也可获得英语和现代科学的知识。另一种对于西方思想和现代主义力量的迥异反应是教授传统伊斯兰教知识的德奥班德学校（Deoband school）的创建。这一派认为只要当局支持盎格鲁-伊斯兰家庭法，他们就愿意接受英国统治；这类学校致力于传授伊斯兰教知识。德奥班德成立了专门组织，用乌尔都语而非阿拉伯语印刷宗教著作，并鼓励用乌尔都语来做宗教论述，成功扩大了社会基础，吸引了更多人接触传统主义的伊斯兰文化。在印度和巴基斯坦都有不少德奥班德学校（宗教学校 madrasa）。

印度国大党

1857年的大起义很快发展成复兴莫卧儿帝国和印度王公旧政权的战争。英国人耗费巨资，以残酷武力镇压了起义，莫卧儿帝国政权正式灭亡，最后一任君主流亡海外。虽然或多或少通过武力取得，但英国东印度公司一开始是在莫卧儿帝国授权下进行统治的，然而这个说法逐渐被另一个取代：莫卧儿帝王受到英国供养。这说法完全翻转了两者的关系。这种冠冕堂皇的说法现在和东印度公司的统治一起终结了。印度政府直接由英国王室，也就是英国议会接管，作为象征，毫无实权的立宪君主——维多利亚女王成为印度女皇，她的头像出现在卢比上。

大起义后，新的政治家掀起新的政治活动。新政治家多数并非出自旧政权的精英，他们并不是德里附近或内陆城市的莫卧儿贵族和大地主（柴明达尔）；相反，他们多数是来自新的海岸城市并受过新式大学教育的领导群体。这些海岸城市不断发展，成了殖民政府的中心，特别是三个省的首府：加尔各答、马德拉斯（Madras）和孟买（Bombay）（现在英文则依序改为 Kolkata、Chennai 及 Mumbai）。这些地方的人更熟悉欧洲思想。事实上他们中许多人都是律师，他们精通法律，由此掌握了殖民政府的专业知识，这正是有效的政治行动所必需的。他们是新印度理念的引领者，其关于现代印度的想法深受英国帝国主义和欧洲文明的影响。

虽然英国统治者严惩倡议推翻政府的行为，但也承继了莫卧儿帝国和旧印度王国的传统，允许子民向政府请愿，因此请愿一直被视为请求政府采取行动或改革的可行通道。如前所见，自拉姆·莫汉·罗伊的时代开始，各省首府的新印度精英就擅长运用这种政治行动。这类单一议题的倡议逐渐扩大，通过报纸和其他方式扩大传播，受到大范围甚至全国性的关注。不断扩大和深化的运动在现代情势中构建了新印度的意涵，最终在1885年发展出印度国大党。这个团体一开始仅是新领导者的政论社团，分散在三省首府及其他小城市中，然而现在，它首次成为年度盛事，各地成员群聚，代表印度人民，向政府建言。这是新政治思潮中，印度民族的概念首度以实体呈现。

关于国大党的形成有几点值得注意。首先，它最初并非群众运动，直到20世纪，在圣雄甘地（Mahatma Gandhi）引领下，才转变成群众运动。此外，它也缺乏任何实质意义的代表性。虽然它宣称代表印度人民，但本身并不民主，而是基于精英有权领导的想法。如同头脑指挥身体,新领导人也视自身为印度民族的头脑,因接受过先进的知识和教育,所以代表广大人民发声。其次,它的过程是温和的,完全以符合宪法的方式达成目的。如同拉姆·莫汉·罗伊,国大党也认为要改善印度人民的生活,至少目前来说,最好的方式就是通过英属印度政府。因此,国大党支持英国统治,但在维持大英帝国统治的同时也不断追求印度自治。第三,它视印度人民为一个统一的民族,不分宗教信仰,因此特别注意在运动中同时纳入穆斯林和印度教徒。这些正是19世纪最后25年中,印度民族主义逐渐成形时的特征。

甘地与真纳

在这里值得重申的是,英国统治下的印度是个拥有许多不同政治运动和宗教运动的庞大国家,其追求自治的过程尤为复杂,并无单一的领导,也不是单向发展的,若将其视为一两名领袖的成果,则难以真正了解其过程。认识独立运动的两位知名领袖——甘地与真纳以及与二人相关的政党——印度国大党与穆斯林联盟(Muslim League),是掌握独立运动复杂过程的第一步。

甘地

印度国大党的政治行动,受到莫汉达斯·K.甘地(Mohandas

K.Gandhi，1869—1948年）的深刻影响。以"圣雄"（Mahatma）之誉广为人知的甘地，是20世纪印度民族主义的灵魂人物。他将国大党从一个政论团体转变成积极的群众运动，采取以古代非暴力（Ahimsa）原则为基础的政治行动。

如同许多民族主义运动中的政治领袖，甘地也是律师出身。他的父亲是西印度土邦博尔本德尔（Porbunder）的迪万（diwan），甘地本人则前往英国学习法律。此后，他长期住在南非，一开始受雇于当地一名富裕的印度穆斯林，对方拥有庞大的零售业。甘地有虔诚的宗教信仰，但绝非传统取向，他非常热衷于策划非暴力政治行动的新方法。他在南非领导了数次非暴力群众运动，代表当地的印度社群争取平等待遇并反对歧视性质的法律。甘地成了南非印度人毋庸置疑的道德领袖。他动员群众以非暴力行动反抗不公律法，群众也愿意在国际社会注目下挤爆监狱，在全世界的目光下展现抗争的正义，这正是将非暴力原则带进现代世界的杰出做法。甘地称这类行动为"非暴力不合作"（Satyagraha，原意为真实的力量）。虽然甘地未曾担任政治职务，但在离开南非前，他与当时的总理协商，通过修法改善印度人的困境。这些行动获得印度与世界媒体的广泛报道，而甘地也如先前的韦委卡南达，在返回印度前已成为举国知名的人物。1915年，甘地抵达印度时，获得了英雄般的待遇。中年的甘地返回印度，开始了波澜壮阔的印度民族独立运动领导者生涯。

这时，各种力量集合在一起，使民族主义运动更加激进，不再像国大党成立时那样采取以请愿为主的支持政府改革的路线。1906年，政府将孟加拉分成数个小省，高压且不得民心的决策激起反对声浪。"抵制英货运动"（Swadeshi Movement）抵制的是外国产品和英国统治下强制推动的贸易规则，支持印度本地产品。第一次世界大战爆发后，英国政府在未得到印度人同意的情况下将印度及印度军队卷入一场与印度无关的战争，激起群众愤怒。1919年，旁遮普发生札连瓦拉园（Jallianwala Bagh）屠杀，当时政府宣布，阿姆利则在动乱时期禁止公众集会，戴尔将军（General Dyer）命令军队向手无寸铁的印度群众开枪，打死300多人，打伤1000多人，直到子弹用尽士兵才停止扫射。这次事件引起排山倒海般的抗议声浪，并激起印度人对英国统治持续增加的敌意，这股敌意在英国民众表达对戴尔将军的支持后更加深化——英国民众在戴尔将军被解除军职后为其筹募3万英镑，并称其为旁遮普的救星。

这些事件浪潮中，印度人发起许多反对政权的行动。甘地绝非这些事件的主要策划者，但仍是民族主义运动中最显眼的象征，也是号召大批印度人为国家美好未来努力的核心人物。因此我们必须了解他的理念与方法。正是在这个历史时刻，印度人掌握先机并迫使英国人做出回应。

首先是甘地的个人风格，他并非以印度绅士的形象出现。他没有像多年前抵达南非时那样，身穿三件式西装，带着怀表与头巾，而是采用普通古吉拉特农民的装扮：手织的半身多提裹裙、光裸上身或以大披巾包裹上身、平头、拖鞋及长条木杖。其次，为了支持抵制外国货物、提倡使用印度国货的"抵制英货运动"，甘地推广使用棉线和手织布料。如前所述，来自英国的低价机械纺织布料摧毁了印度的手工纺织业，导致许多人失去工作，还造成国家产业萧条。抵制外国制造的布料，正是重新掌握国家经济的象征。第三，甘地为自己和亲近的追随者建了一处静修之地。这个乌托邦社区作为全国典范及政治中心，虽然远离西化城市，位于农村深处，但仍通过发行杂志《青年印度》(Young India)与全国各地保持联系。第四，甘地每日都会进行公共祈祷，所到之处，吸引了大量听众。最后，甘地发展出高度引人注目的不合作策略，鼓动全国民心，使英国政府处于守势。

甘地采取的方法，是全面开放国大党，将其转变为吸纳各阶层人民的群众运动，而不仅仅是英语精英的团体。妇女也在民族主义运动中扮演积极角色，表现出众。

群众参与主要掀起三次事件，每十年一次，都由甘地扮演主要领导角色：1920—1922年的非暴力不合作运动；1930年的"食盐进军"运动(Salt March)；1942年的"退出印度"运动(Quit India)。

1920年，国大党开展非暴力不合作运动，鼓动全体印度人断绝与殖民政府及相关机构的关系。此运动要求政府官员离职，大学生退学，消费者抵制外国产品。大规模退出及拒绝与政府合作的内容，也包括和平抵抗法律和大规模主动入狱。

"食盐进军"运动是甘地非暴力不合作运动中最具创意的一个。自古以来，由地底采盐或以海水制盐被认为是政府的垄断权。英国政府积极保护这项垄断，坚持对取盐和制盐采取许可制并收税。例如，19世纪，殖民政府花费极大力气在边界植篱，以控制重税引起的食盐走私，但效果不彰。无论是对穷人来说，还是对富人来说，盐都是生活必需品，而且每人消耗的盐量差别不大，因此盐税对穷人的影响更大。因为此税占穷人收入比例较高，所以给穷人造成的负担更大。甘地的"食盐进军"运动正是特意在众目睽睽之下制作海盐，抗议政府垄断，以迫使政府将他和追随者逮捕下狱。甘地和追随者从中印度的静修地出发，徒步前往约400千米外的古吉拉特的丹迪（Dandi）海岸。每日行程以公共祈祷会告终，吸引了大批地方群众，受到印度媒体和国际媒体的报道。随着队伍前进，甘地吸引了越来越多支持者跟随，最后，被英国人逮捕下狱者超过八万人。虽然违法行为相当轻微——仅是以海水制作一小撮盐，但运动本身的公开性迫使殖民政府镇压如此明显的违法行径。而镇压进一步令英国政府在印度人与全世界目光下颜面尽失。

1942年的"退出印度"运动，则是甘地对第二次世界大战爆发的回应。同"一战"爆发时一样,"二战"爆发时殖民统治者再一次未征询印度人民同意,便径自将印度卷入战争。"退出印度"口号表达了要英国在战争期间即刻退出印度的要求,并且要求在日本军队入侵前,让印度人自己做主。战争时局中,殖民政府认为自己除了将运动参与者关进监狱外,别无他法。因此从甘地开始,连同几乎所有国大党领袖都被捕入狱。这个运动更大的背景是,20世纪30年代,英国人已经开始与印度人分享更多权力,1937—1939年间,国大党成员开始担任地方政府官职,掌握治安和国防之外的多数事务。随着"二战"爆发,国大党成员辞职以示抗议,但也因此将政府职位拱手让给其他政党,包含穆斯林联盟。在"退出印度"运动期间,国大党进一步撤出政治行动,加深了它与穆斯林联盟之间的裂痕。此裂痕不久将导致印巴分治。

真纳

穆罕默德·阿里·真纳（Muhammad Ali Jinnah,1876—1948年）同甘地一样,也是一名律师,然而相似点仅止于此。真纳以杰出的法律才能吸引了最富裕的客户,因此他在孟买的法律事业蓬勃发展。他将高明的谈判艺术引入政治领域,几乎无人能敌。真纳时尚、儒雅,身着优雅的西装,品位卓然,带有明确的自由和世俗的倾向,甚至有些艺术气质。早期他曾想成为一名莎士比亚戏剧演员。在这些方面,他与甘地截然不同。虽然两人常常合作,但即便是在立场一致时,也从未建立任何情谊。当两人意见相左时,真纳是可怕的敌手,即便拿到一手烂牌,也能打出精彩的一局。

时局导致甘地与真纳成为对立阵营的领袖,双方对印度的未来有不同观点。从一开始(事实上直到今日)印度国大党视自己为代表所有信仰不同宗教的印度人民的大帐篷政党(big-tent party)。国大党对印度历史抱持"一个民族"的理念,在这个理念之下,印度民族是历史中所有人民融合的产物。然而,这并非唯一的印度史观。例如,信仰印度教的萨瓦卡(V. D. Savarkar,1883—1966年)则认为真正的印度人是那些祖祖辈辈生活在印度并信奉印度本土宗教的人。这意味着,对穆斯林、基督徒与其他宗教信徒来说,纵然他们生于印度,先祖生活在这片土地上,他们可能是印度人,却也不能被视为完整的印度人,因为他们所信的宗教并非起源于印度。这一论点称为印度教民族主义(Hindu Nationalist)*。

虽然印度人口当中绝大多数都是印度教徒,但国大党并不自视为印度教政党,而是希望能凝聚所有印度社群。民族主义运动中最棘手的是作为少数派的穆斯林未来在印度的地位。分裂前的

---

* 英文或可称 Hindu Nationalism。——编者注

英属印度拥有大批伊斯兰人口，约为总人口的25%，将近1亿人，让英属印度成为当时拥有最多穆斯林的单一政治实体。麻烦在于，在新的人民主权理想和"一人一票"的民主选举制度下，穆斯林成了永远的少数群体，在印度独立后的立法机关中将居于占多数的印度教徒之下。这是英国—印度代议制民主的长久问题：如何在民主选出的多数压制下，确保少数族群的需求获得满足。国大党与穆斯林联盟之间有无数细节令两者的关系敏感又脆弱，然而这个结构性因素才是所有摩擦最根本的来源。此外，如前所述，印度的穆斯林主要由莫卧儿时代遗留的少量富裕地主及大批贫困工匠和无产劳工组成，受过大学教育的中产阶级仅占极少数，类似真纳这样的现代专业人士非常少。在这些条件下，印度民族国家治理下的未来对穆斯林来说是比较麻烦的。

国大党与穆斯林联盟之间的关系时常变化。两者合作的高峰是"一战"期间，当时奥斯曼帝国与德国结盟，英国强迫印度向奥斯曼帝国宣战。由于奥斯曼苏丹被视为整个伊斯兰世界的哈里发，反英是国大党与穆斯林联盟可以合作的一项议题，印度发起了基拉法特运动（Khilafat Movement）支持奥斯曼统治者。然而战后，土耳其世俗派民族主义者推翻了奥斯曼帝国，并终结了哈里发制度，基拉法特运动宣告终结。

两大政党的合作告终，逐渐成为印度民族的不同概念之间的冲突来源。20世纪前十年，英国在民族主义运动的不断施压下，试图构建所有政党同意的与印度民选官僚分享权力的政治结构。其中包括为穆斯林等少数团体保留一定数量的议会席位，以防他们在"赢者通吃"的选举中无法被充分代表。1937—1939年被称为"双头政治"（Dyarchy）的权力共享时期中，与英国政府分享权力的印度政府由选举产生，这导致国大党压倒性的胜利，许多省份都由国大党主政。这一结果强化了穆斯林联盟的疑虑，他们担心在未来的民主制度中，无法获得足够的权力保障穆斯林的利益。因此，"印巴分治"作为替代选项开始浮现，在此概念下穆斯林与印度教徒形成两个国家，认为印度穆斯林需要自己的民族国家——巴基斯坦。"二战"爆发后，国大党政府请辞，抗议英国未征得印度人民同意前就将印度拉入战局，真纳与穆斯林联盟宣布这是个举国欢庆的日子，因为脱离了国大党的统治。

"二战"后的英国大选中，工党在克莱门特·艾德礼（Clement Attlee）领导下，取代了丘吉尔为首的保守党。丘吉尔极力反对印度独立，而艾德礼与工党则支持其独立，并希望尽快实施。工党的急迫有其缘由。艾德礼政府认为，印度独立必须在下一轮英国大选前，也就是丘吉尔可能再次当选之前确定，因此必须在五年内决定印度的未来。此外，英国经济被战争拖垮，无力承担印度的资源需求。而且，印度的纷乱状态已近内战边缘。最后一份主张印度独立和统一的宪法提案，也是最后一个将国大党与穆斯林联盟统一在一个未分裂印度之中的方案，被称为内阁使团方案（Cabinet Mission Plan）。这份方案提出建立联邦体系，中央政府仅享有国防、外交等基本权，而地方政府则享有极大自治权，后者仅受中央政府有限度的管控。这份方案的特点是，地方省份可选择合并，形成拥有自治政府和权力的中间政治集团。如此设计将允许以穆斯林为主的省份合并成穆斯林统治的超级大省，当然印度教徒也可如法炮制。当此方案无法获得双方同意时，印巴分治便成为唯一的选项。

印巴分治与独立

路易斯·蒙巴顿伯爵（Louis Mountbatten）获派担任英属印度最后一任总督，主持印巴分治（partition）和权力转移。巴基斯坦与印度的权力转移，分别在1947年的8月14日和15日发生。印巴分治一事本身便不同寻常。一名法官从英国受派，负责在地图上划定分治界线，此人从未踏足印度，与印度没有丝毫联系或瓜葛，所以他能保证不偏不倚。印度与巴基斯坦的分界线，是经过数月秘密决议，然后在广播中一次性宣布的。同时，英属印度政府的资产分割也在准备中，规定依照新国家面积所占的比例进行分配，17.5%的军队制服、火车引擎及车厢、银行资产及铅笔划归巴基斯坦，剩下的82.5%则划归印度。印巴分治更带来大规模的人口移动,巴基斯坦的印度教徒与锡克教徒试着前往印度,而印度的穆斯林则想要前往巴基斯坦。在这一过程中,数以百万计的人永远离开家乡,数十万人死于分治带来的宗教仇恨与法治混乱中。不久之后,在1948年,甘地与真纳相继去世,甘地魂断暗杀者枪下,真纳则死于癌症。致力于结合所有社群,特别是印度教徒与穆斯林的甘地,壮志未酬;世俗化的真纳却成为宗教国家的领袖。

在大规模的暴力与流离失所中,两个新的民族国家诞生了。这对南亚乃至全世界来说,都是历史性的一刻。印度与巴基斯坦的建国,为其他欧洲殖民地开辟了一条民族独立的道路。未来二十多年中,欧洲帝国的殖民地将陆续成为独立的民族国家,构建出当今世界的国际秩序。

第十二章
新国家

印度共和国
巴基斯坦和孟加拉国
尼泊尔、斯里兰卡、不丹和马尔代夫
印度文明的未来

第十二章 新国家

印度与巴基斯坦的独立，导致了英国、法国、荷兰和葡萄牙殖民帝国的瓦解。20世纪五六十年代的去殖民化时期，沿着已有的民族国家的边界，世界版图被重绘，这些民族国家树立了标准，并延续至今。新创立的联合国接受数十个新民族国家为成员，联合国大楼外飘扬的新国旗和联合国会议中的新代表展现了"二战"后的新情况。

印巴分治后的南亚有许多新的民族国家：印度、巴基斯坦、孟加拉国、尼泊尔、斯里兰卡、不丹和马尔代夫，其中印度无疑是最大的一个。印巴分治及分治后两者的紧张关系深刻地影响着南亚地区新的国际秩序。分治原是为了处理可能导致内战的诡谲情势，但实际未能阻止暴力发生。分治后伴随而来的大规模人口流动影响了旁遮普和孟加拉等地近1500万人，新边界周边发生了大范围的法治失序、暴力事件和流血冲突，两国都产生了大量生活贫困的难民，经过数十年才将其重新安置定居。印度与巴基斯坦发生过三次战争，分别在1948、1965和1971年，并于1999年在卡吉尔（Kargil）发生过小规模边界战役。事实上，分隔印度与巴基斯坦的差异从未消弭，甚至还有国际化的趋势。现今两国都是拥有军队的民族国家，并都于近年发展出制造、发射核弹的能力。可以说，印巴分治不但未能解决问题，反倒因为双方都有战争武器而使局势更加恶化。双方长期处于不稳定休战与小规模边界冲突的状况，多数时刻，唯一牵制两国的因素是战争带来的明显伤害。印巴之间的紧张情势是今日南亚的结构性特征，但并非唯一一个。为了深入了解今日南亚的动态，我们需要一一研究南亚地区的新国家，首先从印度开始。

印度共和国

印度共和国成立七十余年来，变化甚巨。篇幅有限，无法完整叙述所有复杂的变化，以下将从三方面描述其中最重要的部分：民族国家、经济与社会。

关于国家，印度共和国的显著特色是，它从一开始就具有选举制度，是代议制民主国家。这是一项惊人的成就。首先，截至目前，印度是世界上采用普选制的人口最多的国家，大选投票需要持续数周。当代欧洲分成许多人口少于1亿的小型民族国家，美国也仅有3亿多人，而印度则拥有超过10亿的人口。欧美演化出来的现代代议制民主,统治的是相互竞争的小族群;然而即便是分治后的印度,仍旧大得足以形成数个民族国家。世界上许多欠发达国家都经历过军政府或一党制时期,政党竞争受到压制;印度却是例外,印度军队始终由政府领导。即便曾在英迪拉·甘地(Indira Gandhi,1917—1984年)担任总理时宣布实行紧急状态(1975—1977年)的两年,公民自由暂停,议会权力被取代,但军队却未夺取政权,最后国家仍成功重返选举和议会统治。至于一党制,虽然数十年中大选确实由国大党主导,第一任总理贾瓦哈拉尔·尼赫鲁(Jawaharlal Nehru,1889—1964年)的家族多代掌权,今日仍旧深具影响力,但其他政党并未受到压制,在全国政坛仍扮演重要角色。印度数次通过选举,在国大党与非国大党政府之间和平转移政权,许多地方政府也由国大党以外的政党组成。虽然我们常以为代议制民主已是这个时代政府形式的常态,但在许多欠发达国家,例如中东石油国家中,代议制民主并不稳定,甚至不存在。不过印度是个例外。原因之一可能是印度接触过英国议会理念和实践,然而同样的因素却没有在其他前英国殖民地产生相同的结果。另一种可能是印度社会由许多说着不同语言、来自不同种姓的人组成,缺乏天然的多数,因此,在印度任何层面的政治都需仰赖联盟,而这正是适合代议制民主成长的沃土。

首任总理尼赫鲁是民族独立运动中的国大党青年领袖。他是甘地的爱将，却将国家领向非甘地路线。如同许多脱离大英帝国的新独立国家的第一代领导人，尼赫鲁也曾在英国接受教育，也出生于长期参与民族主义运动的富裕家庭。尼赫鲁想象中的新印度，有强盛的军队和强大的工业基础，与甘地主张的反西方模式的乌托邦理想背道而驰。英国的社会主义政治思潮，为尼赫鲁提供了不同于西方发展模式的新思路。政治上，尼赫鲁采行不结盟路线；经济上则选择由国家来领导经济发展，将基础工业国有化，并管控私有企业。

1955年，不结盟运动（Non-Aligned Movement，NAM）由印度、南斯拉夫和埃及领导人尼赫鲁、铁托和纳赛尔共同发动。这项运动是冷战的产物——当时美国与苏联间的长期对峙，将世界分裂成两大阵营。不结盟运动则成为第三条路线，即拒绝在冷战中选择阵营。虽然这一思想确实给世界带来些许影响，但不结盟思想本身并不足以将成员联合在一起。事实上，部分主要成员，例如古巴和南斯拉夫，也并不被认为是真的不结盟。虽然今日不结盟运动名义仍存，但冷战结束已经让不结盟失去了存在的理由。

影响更大的是面对印度工业化问题，尼赫鲁推动的公营私营并举的"混合经济"制度。如前面所见，印度成为英国的殖民地时，英国恰逢工业革命。事实上，印度的统治者来自世界上第一个工业化国家，而这却导致了印度的去工业化，前机器时代的印度手工业，特别是纺织业，被摧毁殆尽，印度也转型为英国工业

第十二章 新国家

的原料产地和工业品市场。这时独立后的印度必须尽一切努力促进工业化以扭转局势,或者说(由于早期工业遭到摧毁)以现代化方式重新工业化。

尼赫鲁采取的政策,是由国有企业负责生产基础产品,比如电、煤炭和钢铁,以及许多非消耗性民生用品;其他民生用品则由私人企业在政府严格把关下生产。政府通过计划经济引导国家经济发展,采行苏联的五年计划模式,目标是通过限制外国公司进入印度市场(与殖民时期贸易相反),保护初生的本国产业免于外国竞争,并依循进口替代(import substitution)理念发展印度工业,也就是在汽车产业等非消耗性商品产业中,扶植印度产品取代进口的外国产品。在汽车产业中,印度政府允许由比尔拉家族成立的私有企业印度斯坦汽车公司通过协议从英国莫里斯汽车公司引进技术并生产"大使"牌汽车,并通过类似协议从德国梅赛德斯-奔驰汽车公司引进生产卡车的技术。在尼赫鲁时代,印度四处都是单一型号的汽车和卡车。这些车辆款式几乎不曾改变,生产技术简单,容易检修,可随时从旧车辆获取替换零件。

"混合经济"的逻辑在于,当国家既贫穷又庞大,且仅有少数私人资金可创立新产业时,政府就是为国家工业化筹得大笔资金(通过税收)的唯一主体[塔塔公司(Tata)是例外,这个私人企业从殖民时期就开始带领钢铁生产现代化]。早年这个逻辑似乎很有说服力,但随着时间流逝,印度国有企业逐渐暴露出效率低、产能低及技术落后等问题。印度消费者必须等待数年才能买到汽车或摩托车，而这些车辆的科技愈显过时。与东亚四小龙相比，印度工业的自主发展比较逊色。最终，1989年柏林墙倒塌，1991年苏联解体，再加上印度的汇兑危机，国大党政府不得不放弃尼赫鲁模式，放宽对经济的限制。通过消除关税壁垒、解除政府对部分产业的掌控，减少对私有企业的控制并结束政府计划经济，印度开始向外国企业开放市场。这种不干涉的模式，吸引外资大幅涌入，技术落后的印度品牌被市场淘汰，其他经得起考验的品牌则继续生存。这时的印度完全进入自由市场与全球化的新时代，享有高经济增长率，企业数量和就业机会快速增加。

接下来，我们将目光转向独立印度的社会变化。不想介入印度家庭的英国殖民者，将婚姻和继承问题留给既有宗教法来决定，一如英国的类似事务由英国国教会法庭裁决。因此当英国统治者自由制定每个人都应遵循的世俗刑法与合约法时，家庭事务则被视为所谓的"个人法"，因所属宗教社群而异。印度教徒需遵守梵语的法论，穆斯林则需遵守伊斯兰教法，这些法律由英属印度政府条文化，案件则由英属印度法庭裁决。个人法认定每个人都属于特定宗教社群，只在社群内通婚；世俗婚姻很少，只有与不同宗教的人结婚或完全放弃宗教信仰的人才会采用。殖民者虽自认能将不同宗教社群的个人法诉诸文字，并付诸裁决，却十分不愿意为不同宗教的人民制定新法，因此殖民时期，家庭法的改革非常稀少。独立运动期间，民族运动的领袖也认为应暂缓争议性大的社会改革，等到正式独立之后再谈。

因此，到独立时，改革的呼声已被搁置许久，传教士也点名批判印度教家庭生活的部分问题如童婚等，欧洲的家庭法也快速世俗化、现代化，因此新印度政府必须尽快进行社会改革。经过一连串充满争议的关于印度教法律的听证会后，通过了一组家庭法相关的法案，主要包括《印度教徒婚姻法》(Hindu Marriage Act，1955年)和《印度教继承法》(Hindu Succession Act，1956年)。这次修法终结了梵语法论文献在印度法院中的权威地位。自这时起，印度教徒的家庭法由代表印度人民的议会制定，并随时予以修订，不再以永恒的法（dhamma）为基础。此外，法案中的"印度人"(Hindu)一词指的是穆斯林与基督徒外的所有印度人，也就是说，在法律意义上，耆那教徒、佛教徒和锡克教徒皆与印度教徒属于同一范畴。这延续了殖民时期的做法。法律中最重要的改革是女儿也有权继承土地财产，这与古老的父系大家庭传统极为不同。

我们发现，这些新法律摆脱了殖民时期的个人法模式，并向统一全印度家庭法的方向迈进。然而，出于对伊斯兰教法的尊重，议会虽以印度教徒为主流，却不愿意在这类私密议题上为穆斯林立法；而伊斯兰学者内部也有保持现状、延续殖民时期伊斯兰教法的强大压力：结果自然是陷入僵局，目前为止建立印度统一家庭法的理想难以向前迈进。这个议题是议会里国大党与印度人民党（Bharatiya Janata Party，简称BJP，以印度教民族主义为特征）及其盟友间的重大分歧，引起许多政治争论。前者倾向尊重伊斯兰教领袖的意愿而维持现状，后者则致力于推动统一的家庭法。

巴基斯坦和孟加拉国

印巴分治将英属印度分成两个民族国家，也将南亚大批穆斯林分成三部分。在印度以印度教徒为主的区域里，穆斯林成了最大的少数族群；穆斯林为主的印度河流域和孟加拉地区则成了巴基斯坦。因此在建国之初，巴基斯坦拥有两块国土：印度河区域的西巴基斯坦和孟加拉地区的东巴基斯坦。两部分领土被数百英里*的印度领土隔开，仅能通过飞越外国领土的飞机航班连接。这在某种程度上类似美国的阿拉斯加州与本土四十八个州的关系，只是巴基斯坦两片领土的人口大致相等。建国之初，与印度一样，巴基斯坦也需要处理贫困、发展落后、印巴分治带来的难民安置问题，以及分治后印巴间即刻爆发的克什米尔战争。此外，巴基斯坦还必须维系国家的两块领土。

巴基斯坦独特的地理构造说明，伊斯兰教并非扎根在突厥

---

* 1英里=1.6公里/千米。——编者注

与莫卧儿统治者所在的德里与阿格拉,那里的伊斯兰教基本只在都市传播;伊斯兰教实际上扎根在远离中心的两个区域,那里的伊斯兰教同时受到乡村和都市大批民众接纳。除了相同的宗教外,巴基斯坦的两块领土截然不同,特别是在语言上。东巴基斯坦开始累积不满情绪:中央政府位于西巴基斯坦的伊斯兰堡(Islamabad);军队掌握在西巴基斯坦,特别是旁遮普人的手中;政府预算也偏向西巴基斯坦。最终,这些不满情绪在1971年爆发,遭到政府军镇压,最终演变成内战,印度更出兵支持东巴基斯坦。最终的结果,新的独立国家——孟加拉国成立了,巴基斯坦的领土也因此缩减了二分之一,仅限于印度河流域。

孟加拉国脱离巴基斯坦独立,带来不少影响。首先创造出两个地理上更合理的国家。孟加拉国的独立从战略上改变了南亚区域的权力平衡:这时巴基斯坦领土面积大幅缩小,印度则获得更大的区域控制权。同时,它也造成了新的一波难民潮:穆哈吉尔(Muhajir,即使用乌尔都语的穆斯林移民)由于非孟加拉人的身份,被孟加拉人视为巴基斯坦中央政府和军队的同路人,被迫由新兴的孟加拉国的恒河谷地出走。这时他们再度成为难民,逃向巴基斯坦。1971年的孟加拉国独立战争对巴基斯坦打击巨大,还提升了印度在南亚区域的军事势力。在印度发展出核武器后,巴基斯坦也成功制出核武器,展现出高超的科技能力。巴基斯坦希望通过核武器重塑两国间的军事平衡,特别是当巴基斯坦的军队人数远不及印度时。

巴基斯坦有许多政党,最大的是穆斯林联盟和巴基斯坦人民党(Pakistan People's Party),这些政党都积极参与选举。因为与大国印度长期处于敌对状态,巴基斯坦军方对公众生活的影响比印度更大;冷战期间更获得美国支援以对抗苏联:巴基斯坦军队拥有大批投资、不动产与工业,因此享有极高的经济自主权。平民政府必须仰军队鼻息,军队也经常介入维持秩序的工作。平民统治的政府与将军领导的军政府相互交替,比如1958年阿尤布·汗(Ayub Khan)、1977年齐亚·哈克(Zia-ul-Haq)及1999年佩尔韦兹·穆沙拉夫(Pervez Musharraf)分别发动军事政变,更不用说多起未成功的军事政变。在巴基斯坦的政治领域中,除军队外宗教也扮演重要角色。在巴基斯坦,伊斯兰教仍占据核心地位,虽然以自由国家形式建国,但宗教自由并未受到国家行动支持,分治后印度教徒与锡克教徒立即逃离巴基斯坦(当时为西巴基斯坦),导致巴基斯坦几乎只剩下穆斯林。宗教成为统合全国上下的共同基础,平民与军队的政治人物时常通过宗教达成政治目的。公立学校不足,宗教学校却遍地开花,为贫困儿童提供免费教育。沙特阿拉伯的大笔捐款,更进一步扩大了宗教在公众生活中的影响力,并造就了以宗教为基础的政党。近期最高法院也成为第四个权力核心,无论是平民政府还是军队都难以掌控。总体而言,巴基斯坦拥有蓬勃发展的政治生活,不同领域的想法和利益能都获得表达，但同时政府也受到各种拥有部分自主权的政治团体的左右。

我们无法预知巴基斯坦未来的发展，但可以肯定的是，虽然巴基斯坦需面对许多问题，但也拥有不少优势，包含印度河流域盛产小麦的沃土，快速发展的经济和受过良好教育的精英阶级。简言之，巴基斯坦拥有走向繁荣所需的资本。虽然我们无法预计具体情况，但显而易见，军队和宗教仍将在政府中扮演重要角色。

在孟加拉国，宗教和军队同样扮演重要角色。如同印度河流域，孟加拉也是肥沃的农业区，恒河与布拉马普特拉河形成的丰厚冲积层，让其土地更加肥沃。过去数世纪中，这里以水稻耕种为基础，成为人口稠密区域；农业成就让孟加拉国成为世界上人口最密集也最贫困的国家之一。孟加拉国多数国土的海拔仅高于海平面数米，易受孟加拉湾飓风造成的洪水侵袭。漏斗型国土的尖端朝向孟加拉湾，更加剧了强烈飓风来临时的洪水威胁。此外，全球变暖带来的海平面上升，令气候影响更加严重。孟加拉国拥有大批主要从事农业的乡村人口，他们持续向海岸线推进，占领河流冲击形成的肥沃海岸地带，也令孟加拉人更加暴露于洪水威胁之下，遑论还有其他人口众多的贫困国家都会面临的问题。

然而，除了间歇性的军政府统治外，孟加拉国成功建立了议会政府，过去数十年来，孟加拉人民联盟（Awami League）与孟加拉民族主义党（Bangladesh Nationalist Party，简称BNP）交替执政。此外，服装行业的出口收入和来自海外劳工的汇款，促进了孟加拉国经济持续发展。服装行业雇用大批女性劳工，在海外工作的劳工则以男性为主。从这波发展中，明显可见中产阶级兴起。孟加拉国同时也成功减缓了人口增长的速度，稳固了经济发展的成果。最后，孟加拉国创造出一套效果卓著的"小额贷款"机制，通过所谓的乡村银行（Grameen Bank）为妇女提供小规模创业所需资金。乡村银行创办人穆罕默德·尤努斯（Muhammad Yunus）也因此获得诺贝尔和平奖。

尼泊尔、斯里兰卡、不丹和马尔代夫

南亚其余国家依人口排名，依次是尼泊尔、斯里兰卡、不丹和马尔代夫。

2008年，尼泊尔经历了一场重大变革，由王国变成了尼泊尔联邦民主共和国，一时间成为世界上最新的共和国。数世纪以来，尼泊尔一直由国王统治，直到国王被迫退位前，仍自称最后的印度教王国，其正式国名也使用了古代梵语中的王国（rajya，或完整形式adhirajya）一词。现在国名中的共和国（ganatantra）则来自梵语中的古代部落共和国（gana）一词。

在英国统治印度期间，尼泊尔始终维持着独立，但多数时间英国在尼泊尔派有驻扎官，代表英国的利益并向尼泊尔政府施加影响力。殖民时期结束后，印度在尼泊尔事务上取代了英国的角色：英属印度政府曾在尼泊尔招募廓尔喀（Gurkha）雇佣兵，他们是说藏缅语（Tibeto-Burman）的农民兵，之后印度与英国政府一直通过与尼泊尔政府的协定，持续招募廓尔喀雇佣兵。由于尼泊尔与中国、印度之间都存在漫长边界，因此自20世纪50年代以来，尼泊尔的存在对于印度便具有战略意义。

尼泊尔地处世界最高的喜马拉雅山脉，地理环境和气候复杂多变，这个高山国家拥有约3000万人口，绝大多数都是农民。虽然直到最近仍是以印欧语言之一的尼泊尔语为国语的印度教王国，但也拥有大批使用藏缅语的人和大量佛教徒以及地方宗教信徒。过去数十年中，民族国家的理想促使许多政党努力建立宪政以制衡君主，却因众多不同政党的分歧和来自王室的抵抗而被阻挠。之后，尼泊尔共产党反抗军的起义愈发强劲，国王贾南德拉（Gyanendra）愈加独裁的行为激发了首都加德满都大批民众抗议。在这种情势下，尼泊尔召开制宪会议，要求国王退位。现在，尼泊尔的民族国家仍在建设中，最终形式仍然未知。

斯里兰卡民主社会主义共和国（The Democratic Socialist Republic of Sri Lanka）过去被称为锡兰或狮子国（Sinhaladvipa），意为僧伽罗人之岛，自1802年起成为英国的直辖殖民地，并继印度和巴基斯坦之后于1948年独立。斯里兰卡最后的王国是位于中央高地的康提（Kandy），于1815年为英国人所灭；独立后政府则采取共和国形式。斯里兰卡是个大型岛屿，位于赤道以北，距离印度南端仅有30千米，人口约2000万。

斯里兰卡由使用僧伽罗语（属印欧语系，与北印度语言相近）的族群统治，这一族群信奉上座部佛教，与泰国、缅甸的佛教徒类似。但如同印度和尼泊尔，斯里兰卡也拥有一个很大的少数族群，也就是使用泰米尔语的印度教徒，约占总人口的18%。较小的族群包含信奉伊斯兰教的摩尔人（Moor）、欧亚裔基督徒伯格人（Burgher）和原住居民维达人（Vedda）。泰米尔人分为两群：一群是先祖已定居斯里兰卡数百年甚至千年，散布岛内各处，但以北部的贾夫纳（Jaffna）半岛为聚居核心；另一群则是高地茶园的泰米尔工人，他们是英国殖民时期，由印度前来的劳工移民，在斯里兰卡定居仅数代时间。斯里兰卡独立之后，泰米尔人对于多数族群统治的不满受到各种因素煽动：一方面，政府和大学采用僧伽罗语为主要语言，阻碍了泰米尔精英的发展；另一方面，政府也拒绝给茶园泰米尔人公民身份。最后在"泰米尔伊拉姆猛虎解放组织"（Liberation Tigers of Tamil Eelam，LTTE）的领导下，人民起义蔓延开来，寻求建立一个独立的泰米尔国家。印度政府以若干种方式被卷入这场冲突，一度以武力协助斯里兰卡政府，导致了泰米尔伊拉姆猛虎解放组织的不满。泰米尔伊拉姆猛虎组织也涉入了1991年印度总理拉吉夫·甘地（Rajiv Gandhi，尼赫鲁外孙，1944—1991年）被自杀式炸弹袭击者暗杀的事件。这一行为后续为以色列、伊拉克、阿富汗、英国、美国等国的自杀式炸弹袭击者所模仿。经过长期斗争，2009年该组织被斯里兰卡政府军击败，领导人死于冲突。只有时间能证明，斯里兰卡的少数族群与多数族群是否能寻得共识并抚平暴力留下的苦痛伤痕。

不丹王国（Kingdom of Bhutan）位于喜马拉雅山东麓，介于中印之间，靠近尼泊尔与孟加拉国，约有70万人口。不丹的人口大部分使用藏缅语族中的宗卡语（Dzongkha），信仰藏传佛教的一个支派。如同尼泊尔，不丹也从未受到英国的殖民，但与英国签有条约，受其影响极深。由于远离海洋，孤立于深山之中，在这个国际迁徙的时代，不丹维持了惊人的文化一致性。不丹统治者建立了代议机构，可以说正在向民族国家形式的理想迈进。不丹可被称为君主立宪国家，并在2008年举行了第一次议会选举。由尼泊尔迁入的劳工移民，在不丹形成了拥有不同语言及文化的少数族群。由于被迫遣返尼泊尔并被送至难民营，他们对不丹的多数族群心怀不满。即使有孤立的地理位置和相对单一的文化，不丹也没有免于民族国家的困境。不丹以注重国民幸福指数而非国民生产总值的政策闻名于世。

马尔代夫共和国（The Republic of Maldives）是南亚主权国家中最小的一个，人口约40万。马尔代夫位于印度洋，在斯里兰卡的西方，领土跨越赤道两侧，由多个珊瑚岛组成，其中只有约 200 个岛屿有人居住。马尔代夫人使用迪维希语（Dhivehi），这是一种含有大量达罗毗荼语（泰米尔语）成分的印欧语言。在遥远的过去，马尔代夫人信奉佛教，但在 12 世纪，随着苏丹国的建立，人们改宗伊斯兰教。葡萄牙、尼德兰和英国等欧洲势力曾相继在这里建立殖民地。1965 年，马尔代夫取得独立，并于三年后结束苏丹国，改行共和制。马尔代夫是印度人和欧洲人的观光胜地，沙滩和热带阳光让时尚摄影师与 MV 制作人趋之若鹜。当地人最主要的忧虑在于领土过于接近海平面，不得不面对全球变暖造成的海平面上升问题。

印度文明的未来

民族国家是历史的新产物，最初诞生于美国独立战争和法国大革命。在南亚，民族国家的肇建始于 1947 年的印巴分治和独立。印度和巴基斯坦的独立拉开了南亚国家去殖民化运动的序幕，他们驱逐欧洲帝国势力，将先前殖民地塑造成民族国家。英属印度分治后，民族国家模式变得十分普遍，在短短 70 年中成为全球性的政治模式。这段时期，帝国与王国失去了政治上的合法性，王权几乎消失，仅作为某些民族国家的门面，例如英国。

在南亚，民族国家成了典范，深刻影响区域内的政治势力；

但每个国家在达成或坚持民族国家理念时都面临各种挑战。目前仍不清楚要如何诠释这些问题，但可以做一些尝试。我们必须谨记，早期民主国家要坚持这一理念有多艰难：美国经历了差点将国家一分为二的长期内战；法国经历数次独裁和王制复辟，现在用的已经是第五共和国宪法。这段历史提醒我们，民族国家的形式及其达成共识的民主手段并不神奇。事实上，民族国家达成的并非共识，而是多数的统治，少数群体则要服从于多数意志。当少数群体认为自己的核心利益受损时，可能采取强烈手段，或向多数群体施压迫使其让步。即便我们认为民族国家与人民主权是当今时代的主要政治形式，也必须承认少数群体是这种政治形式的结构性问题。这并不是说其他政治形式就有现成的解决少数群体需求的方法，只是说选举过程似乎加剧了少数群体的困境。这一情况会被特殊的情势淡化或强化，以南亚来说，主要是种姓和宗教。

民族国家对于种姓议题的影响，在于解除了种姓体系，并将种姓转为独立的利益团体。这是因为人民主权思想要求公民在法律面前一律平等，因此对民族国家来说，组成种姓体系的等级制度是不被允许的。公共领域中，基于种姓的歧视不再受到国家支持，被视为不合法。然而种姓依旧存在，只是不再像古代王国中那样是受国家支持的体系，而是采取政治行动、通过投票追求自身利益的独立团体。印度独立初年，专家经常预言种姓将破坏民主制度，事实却刚好相反。由于种姓的多样性，掌权的多数群体通常由各种姓结盟形成，这就确保多数族群和少数族群的内部组成持续变动，因此并没有永久的多数群体。虽然种姓适应了民主政治，但社会、经济的不平等和歧视仍是严重问题，在可预见的未来并不会消失。

虽然选举政治与种姓可以共存，但也使宗教认同成了南亚地区构建国家立法机关多数群体的途径。民族国家削弱了种姓的影响力，却巩固、强化了宗教的重要性。这一结果更强化了少数群体的不满，多数南亚的民族国家都受此影响。

最后作为总结，我们回到一开始提出的关于印度文明的问题：面对民族国家形式和宗教愈发显著的重要性，印度文明将走向怎样的未来？

民族国家概念的传播，使得南亚地区建立了数个民族国家，每个国家都有自己的历史观。人类学家布罗尼斯拉卡·马林诺夫斯基（Bronislaw Malinowski）曾说，神话是一种社会宪章，将社会的组织和边界正当化、神圣化。在民族国家时代，历史代替过往神话的角色，成为国家的宪章。因此民族国家致力于塑造关于过去的观点。在南亚，不同国家对印度文明的概念有截然不同的观点。印度共和国普遍认定，印度文明的历史即为共和国的历史。一般认为，印度文明始于印度河流域的印度河文明，即便印度河的大部分位于巴基斯坦，在印度共和国之外。另一方面，对于突厥苏丹与莫卧儿帝国的统治，印度多数群体中间仍存在大分歧，有人将之视为伊斯兰教的印度化，有人则将之视为外国文明的入侵。这两种诠释方法转变为政治问题，与国大党和印度人民党的争斗结合在一起。

巴基斯坦对历史的观点则截然不同。巴基斯坦拥有大部分古老印度河文明和最早期吠陀文明所在区域。在巴基斯坦考古所与艾哈迈德·哈桑·达尼（Ahmad Hasan Dani）和拉菲克·姆高（Rafique Mughal）等人的领导下，具有科学重要性的印度河文明考古工作开始了。巴基斯坦独立后不久，英国考古学家莫蒂默·惠勒（Mortimer Wheeler）（英国治下最后一任印度考古局局长）出版了一本书名极具争议的著作《巴基斯坦五千年》（*Five Thousand Years of Pakistan*）。这本书将新成立的民族国家的名称用于古代。然而除了这些发展，从整体上来说，巴基斯坦的历史在国家层面与古老过往没有太大联系，以宗教划分的边界更倾向将这个民族国家与伊斯兰教进入南亚一事联系在一起，古老过往则被视为某种史前时代。同样，南亚地区的其他国家在印度文明史上也有不同取向及相关利益，因此印度文明史实际上受到了不同国家的诠释。民族国家对于历史的需求，使得印度文明史将始终具有政治重要性，也将一直是南亚国家的争论核心。

对于印度文明过往的不同诠释，同时也是对未来发展的不同观点。古老的史学，不仅关注过往的历史，也预测未来的历史。

虽然历史学后来放弃预言未来，专注研究来自过往的证据。然而这并不表示故事就此结束：虽无法预言未来，但生存于现世，我们心中向往的未来势必会导引我们的行动；事实上，我们探索过往正是为了未来。所有编纂历史的行为，都是为了理解我们当下的处境，帮助我们面对未来。在印度文明中，历史告诉我们，虽然民族国家的形式确实迷人，但也有这个制度自身特有的问题，这些问题会导致冲突，所以需要正视与缓解。

我们无法预言世界文明将走向何方：它们有截然不同的过往，却要面对当代世界不断的迁徙和人口杂居。南亚地区人口大量移居，不均匀地分布在世界各地。现代移民主要前往当年大英帝国的殖民地（牙买加与特立尼达、圭亚那、加拿大、英国、肯尼亚、南非、新加坡、马来西亚、澳大利亚与斐济），以及需要劳动力的波斯湾国家和美国。然而，文明并非有固定特征和明确边界的物品，而是相互交叉、相互借鉴思想、交换事物的过程。换句话说，今日的文化融合只在范畴和强度上跟过去不同。自文明开始，融合就持续进行着，本身就是文明进程的一部分。没有迹象表明我们所处时代的新变化会终结这一文明进程，实际上这些新变化在很多方面为文明的进程指出了新方向。虽然我们无法预知未来，但印度文明的历史似乎在很长一段时间都将是历史研究和政治辩论的对象。

延伸阅读

以下提出的阅读书目并非印度文明史学科的系统书目，仅是对入门者的阅读建议，可在阅读本书或延伸学习时参考使用。

关于古印度，A. L. Basham 的 *The Wonder that was India*（1954），虽然成书于许多年前，但非常实用，关于宗教的篇章十分详细，关于科学的篇章则有实用的附录。Upinder Singh 的 *A History of Ancient and Early Medieval India, from the stone age to the 12th century*（2008）是一本杰出的通史，在运用考古资料上十分见长。关于印度古典时期、突厥与莫卧儿时期，Asher 和 Talbot 的 *India before Europe*（2006），则是另一本优秀著作。关于现代印度，Metcalf 和 Metcalf 出版于 2006 年的、Bose 与 Jalal 出版于 1998 年的，都是一流杰作。此外还有其他的重要书籍。关于印度人口，Sumit Guha 的 *Health and Population in South Asia*（2001），是对于整段时期印度人口变化的杰出考察；*Environment and Ethnicity in India*（1999）则讨论公元 1200 年

至今的人类生态。经济学家 Amartya Sen 于 2005 年出版的论文，引述古老历史，讨论了当今和未来的问题。

关于欧洲学者对印度的研究，可以参阅 Thomas R. Trautmann 的 *Aryans and British India*（1997）。关于宗教研究，可参考 2006 年 Lorenzen 的相关论文。至于语言方面，Deshpande 出版于 1993 年的著作值得一看。

关于印度河流域文明有许多杰出作品，如 Gregory Possehl 出版于 2002 年的著作。

关于印欧文明，有两本书不能错过：1989 年 Mallory 的著作清楚地总结了历史语言学的发展；1987 年 Renfrew 则在著作中提出了基于考古证据的颇有争议的论点，认为印欧语言的传播与农业的扩展有关。David Anthony 出版于 2008 年的著作，追溯了马匹的驯养和战车的传播，是印欧语系民族考古学领域的伟大著作。Trautmann 主编的 *The Aryan Debate*（2005），探讨了印度河文明与吠陀雅利安人之间的关系，提供了诸多材料。Fustel de Coulanges 的 *The Ancient City*（1864/1980 年出版，有数种英文译本）是关于希腊、罗马城市的经典著作，开头几章收录了对希腊、罗马和吠陀印度人家庭结构与祖先崇拜的比较研究。Stephanie Jamison 的 *Sacrificed Wife/Sacrificer's Wife: Women, Ritual and Hospitality in Ancient India*（1996）中，提出了研究吠陀传统中性别关系的新方法。

Romila Thapar 的 *Asoka and the Decline of the Mauryas*（1961），是关于孔雀王朝不可或缺的著作，其中更包含阿育王铭文的翻译。Megasthenes 的印度游记有 McCrindle 的译本（有多种版本，如 1961 年版）和 Duane Roller 的新译本，新译本可通过网站 Brill's new Jacoby（Brill 的线上参考资料）取得。A. K. Narain 的 *The Indo-Greeks*（1962）是该领域的经典之作。古代宫廷爱情诗歌（梵文、俗语和泰米尔文）则由 Martha Selby 辑录、翻译并分析，于 2002 年出版。泰米尔宫廷诗的杰出翻译，收录于 A. K. Ramanujan 的 *The Interior Landscape*（1967），及 George Hart 与 Hank Heifetz 的 *The Four Hundred Songs of War and Wisdom*（1999）。Daud Ali 所著的 *Courtly Culture and Political Life in Early Medieval India*（2004），探索了王制与改良间的联系。P. V. Pillai 的 *Perspectives on Power: India and China*（1977），比较了古代印度与中国的王制，有许多有用的观点。中国佛教僧侣法显与玄奘的印度游记译本（法显 1956、玄奘 1969），提供了笈多王朝和戒日王时期的真实资料。笈多王朝铭文可参考 Fleet 出版于 1981 年的著作，钱币则收录在 1967 年 Allan 编纂的大英图书馆图录中。

关于家庭结构、婚姻和继承，可参考 Trautmann 的 *Dravidian Kinship*（1981），特别是第四章。关于性别，Susie Tharu 与 K. Lalita 的 *Women Writing in India, 600 B.C. to the*

Present: *Vol. 1*（1991），是具有重大贡献的有趣合辑。Indrani Chatterjee 主编的 *Unfamiliar Relations*: *Family and History in South Asia*（2004）收录了许多实用文章。至于现代，可参考 Mrinalini Sinha 的 *Specters of Mother India*: *The Global Restructuring of an Empire*（2006），对性别、帝国主义与民族主义进行了出色的分析。

法论方面，最佳的单本著作当属 Robert Lingat 的 *The Classical Law of India*（1973），而 P. V. Kane 的多册巨著 *History of Dharmasastra*（1968）则十分全面。David Pingree 关于印度天文学、占星术和数学的多部著作（1963、1974）都非常权威，虽然内容过于专业。Trautmann 在 *Languages and Nations*（2006）的第二章中，对印度语言分析进行了概括性的描述。

Amartya Sen 的 *The Argumentative Indian*（2005）一书中，关于印度和中国的篇章非常具有启发性。George Coedès 的 *The Indianized States of Southeast Asia*（1968）含有大量资料，虽然略为过时，但仍是经典之作。*The Periplus of the Erythraean Sea* 是希腊船长的古代海洋贸易指南（有 1980 年译本）。S. D. Goitein 在 1973 年的著作中，翻译了古典晚期在埃及与印度之间进行贸易的犹太商人家庭的书信。

关于突厥人，除了前述 Asher 与 Talbot 的作品外，还有不少近期的优秀研究：Sunil Kumar（2007），Gilmartin 与 Lawrence

主编的 *Beyond Turk and Hindu*（论文集，2008），Phillip Wagoner 的著作（1996）讨论了伊斯兰化的服饰和头衔，Richard Eaton 的著作（2000）讨论了庙宇建筑。莫卧儿研究领域有许多杰出作品，不胜枚举，但 Irfan Habib 关于农业体系的研究（1999）是核心作品，Jos Gommans 关于莫卧儿战争的著作（2002）则为环境影响提供了启发。Eaton 出版于 1993 年的著作是研究改宗的先锋之作，2012 年出版的 Moin 的专书则比较了莫卧儿与伊朗萨非王朝的王制。

关于当代印度的优秀历史著作更是不计其数，这里只能列出其中一小部分。关于印度与欧洲的知识交流，Wilhelm Halbfass 出版于 1988 年的著作特别杰出。Rommohan Roy 的作品也出版了较新版本（1995）。Uday Singh Mehta 讨论了英属印度的帝国自由主义理论，至为关键（1999）。甘地的自传 *The Story of My Experiments with Truth* 非常平易近人（初版于 1983 年，有许多版本）。Guha 的 *Gandhi Before India*（2013）是一本优秀的甘地传记，第二册即将上市。关于真纳的传记，则有 Wolpert（1984）与 Jalal（1985）的版本。尼赫鲁所著的《印度的发现》(*Discovery of India*) 可读性十足，展现了印度第一任总理对印度文明的想法。关于土邦，可参考 Barbara Ramusack 的经典著作 *The Indian Princes and Their States*（2004），Nicholas Dirks 的 *The Hollow Crown: Ethno-History of an Indian Kingdom*（1993）则是针对单一土邦的经典研究。关于迪奥班德的基础性研究，莫过于 Barbara Metcalf 的 *Islamic Revival in British India：Deoband, 1860—1900*（2005）。有关现代时期的印度进一步（难度较高）阅读书目，可由 Ranajit Guha 代表的底层研究学派（Subaltern Studies school）开始。

关于印度共和国，目前已有 Ramachandra Guha 的全史（2007）。Diane Mines 与 Sarah Lamb 主编的合辑（2002），则包括多篇当代南亚日常生活的人类学微观研究论文。

参考文献

Ali, Daud (2004). *Courtly culture and political life in early medieval India.* Cambridge, UK: Cambridge University Press.

Allan, John (1967). *Catalogue of the coins of the Gupta dynasties.* London: British Museum.

Anthony, David W. (2008). *The horse, the wheel, and language: how Bronze-age riders from the Eurasian steppes shaped the modern world.* Princeton, NJ: Princeton University Press.

Asani, A. (2003). Creation tradition through devotional songs and communal script: the Khojah Isma'ilis of South Asia. In *India's Islamic traditions, 711–1750,* ed. R. M. Eaton, pp. 285–310. New Delhi, Oxford University Press.

Asher, Catherine B., and Cynthia Talbot (2006). *India before Europe.* Cambridge, UK: Cambridge University Press.

Barnes, Ruth (1993). *Indian block-printed cotton fragments in the Kelsey Museum,* University of Michigan. Ann Arbor: University of Michigan Press.

Basham, A. L. (1954). *The wonder that was India: a survey of the culture of the Indian sub-continent before the coming of the Muslims.* London: Sidgwick & Jackson.

Bose, Sugata, and Ayesha Jalal, eds. (1998). *Modern South Asia: history, culture, political economy.* New York: Routledge.

Bryson, Reid, and David A. Baerreis (1967). Possibilities of major climatic modification and their implications: Northwest India, a case for study. *Bulletin of the American Meterological Society* 48 (3): 136–142.

Bryson, R. A., and T. J. Murray (1977). *Climates of hunger: mankind and the world's changing weather.* Madison: University of Wisconsin Press.

Chatterjee, Indrani, ed. (2004). *Unfamiliar relations: family and history in South Asia.* New Brunswick, NJ: Rutgers University Press.

Coedès, Georges (1968). *The Indianized states of Southeast Asia.* Honolulu, HI: East-West Center Press.

Dales, G. F. (1965). Civilization and floods in the Indus Valley. *Expedition* 7 (2): 10–19.

Das, P. K. (1968). *The monsoons.* New Delhi, India: National Book Trust.

Deshpande, Madhav M. (1993). *Sanskrit and Prakrit: sociolinguistic issues.* Delhi, India: Motilal Banarsidass.

Dirks, Nicholas B. (1993). *The hollow crown: ethnohistory of an Indian kingdom.* 2nd ed. Ann Arbor: University of Michigan Press.

Divyabhanusinh (2008). *The story of Asia's lions.* 2nd ed. Mumbai, India: Marg.

Dumézil, Georges (1952). *Les dieux des Indo-Européens.* Paris: Presses Universitaires de France.

Eaton, Richard M. (1993). *Rise of Islam and the Bengal frontier, 1204–1760.* Berkeley: University of California Press.

_____. (2000). Temple desecration in Indo-Muslim states. *Journal of Islamic Studies* 11 (3): 283–319.

Elias, Norbert (1994). *The civilizing process.* Oxford, UK: Blackwell.

Fairservis, Walter A. (1975). *The roots of ancient India: the archaeology of early Indian civilization.* Chicago: University of Chicago Press.

Falk, Harry (1989). Soma I and II. *Bulletin of the School of Oriental and African Studies* 52 (1): 77–90.

Faxian (1956). *The travels of Fa-hsien (399–414 A.D.).* Trans. H. A. Giles. London: Routledge and Kegan Paul.

Fleet, John Faithful (1981). *Inscriptions of the early Gupta kings.* New Delhi, India: Archaeological Survey of India.

Fustel de Coulanges, N. D. (1864/1980). *The ancient city: a study on the religion, laws and institutions of ancient Greece and Rome.* Baltimore: Johns Hopkins University Press.

Gandhi, Mohandas K. (1983). *Autobiography: The story of my experiments with truth.* New York: Dover.

Gilmartin, David, and B. B. Lawrence, eds. (2008). *Beyond Turk and Hindu.* Gainesville: University Press of Florida.

Goitein, S. D. (1973). *Letters of medieval Jewish traders.* Princeton, NJ: Princeton University Press.

Gommans, Jos. L. (2002). *Mughal warfare: Indian frontiers and highroads to empire, 1500–1700.* London: Routledge.

Guha, Ramachandra (2007). *India after Gandhi: the history of the world's largest democracy.* New York: HarperCollins.

———. (2013). *Gandhi before India.* London; New York: Allen Lane.

Guha, Sumit (1999). *Environment and ethnicity in India, 1200–1991.* Cambridge, UK: Cambridge University Press.

———. (2001). *Health and population in South Asia, from earliest times to the present.* New Delhi, India: Permanent Black.

Gupta, S. P. (1996). *The Indus Saraswati civilization.* Delhi, India: Pratibha Prakashan.

Habib, Irfan (1999). *The agrarian system of Mughal India, 1556–1707.* New Delhi, India: Oxford University Press.

Halbfass, Wilhelm (1988). *India and Europe: an essay in understanding.* Albany: State University of New York Press.

Huntington, Samuel P. (1996). *The clash of civilizations and the remaking of world order.* New York: Simon & Schuster.

Jalal, Ayesha (1985). *The sole spokesman: Jinnah, the Muslim League, and the demand for Pakistan.* Cambridge, UK: Cambridge University Press.

Jamison, Stephanie W. (1996). *Sacrificed wife/sacrificer's wife: women, ritual, and hospitality in ancient India.* New York: Oxford University Press.

Kane, P. V. (1968). *History of dharmasastra.* 2nd ed. Pune, India: Bhandarkar Oriental Research Institute.

Kumar, Sunil (2007). *The emergence of the Delhi Sultanate, 1192–1286.* New Delhi, India: Permanent Black.

Lal, B. B. (1997). *The earliest civilization of South Asia: rise, maturity and decline.* New Delhi, India: Aryan Books International.

Lattimore, Owen (1988). *Inner Asian frontiers of China.* Hong Kong: Oxford University Press.

Lingat, Robert (1973). *The classical law of India.* Berkeley: University of California Press.

Lorenzen, David N. (2006). *Who invented Hinduism? Essays on religion in history*. New Delhi, India: Yoda Press.

Mallory, J. P. (1989). *In search of the Indo-Europeans: language, archaeology and myth*. London: Thames and Hudson.

Marshall, John Hubert (1973). *Mohenjo-daro and the Indus civilization*. Delhi, India: Indological Book House.

Megasthenes (1961). *Ancient India as described by Megasthenes and Arrian*. Trans. J. W. McCrindle. Calcutta, India: Chuckervertty, Chatterjee.

Mehta, Uday Singh (1999). *Liberalism and empire: a study in nineteenth-century British liberal thought*. Chicago: University of Chicago Press.

Metcalf, Barbara D. (2005). *Islamic revival in British India: Deoband, 1860–1900*. New Delhi, India: Oxford University Press.

Metcalf, Barbara D., and Thomas R. Metcalf. (2006). *A concise history of modern India*. Cambridge, UK: Cambridge University Press.

Mines, Diane P., and Sarah Lamb, eds. (2002). *Everyday life in South Asia*. Bloomington: Indiana University Press.

Moin, A. Azfar (2012). *The millennial sovereign: sacred kingship and sainthood in Islam*. New York: Columbia University Press.

Narain, A. K. (1962). *The Indo-Greeks*. Oxford, UK: Clarendon.

Nehru, Jawaharlal (2004). *The discovery of India*. New Delhi, India: Penguin Books.

Ness, Gayle. D., and William Stahl (1977). Western imperialist armies in Asia. *Comparative studies in society and history* 19 (1): 2–29.

Periplus Maris Erythraei (1980). *The periplus of the Erythraean Sea*. London: Hakluyt Society.

Piggott, Stuart (1950). *Prehistoric India to 1000 B.C.* Harmondsworth, UK: Penguin.

Pillai, P. V. (1977). *Perspectives on power: India and China*. New Delhi, India: Manohar.

Pingree, David (1963). Astronomy and astrology in India and Iran. *Isis* 54: 229–246.

———. (1974). History of mathematical astronomy in India. In *Dictionary of scientific biography*, vol. 15, ed. Charles Coulston Gillispie, pp. 533–633. New York: Scribner.

Possehl, Gregory L. (2002). *The Indus civilization: a contemporary perspective*. London: Altamira Press.

Ptolemaeus, C. (1545). *Geographia universalis, vetvs et nova complectens Claudii Ptolemaei Alexandrini ennarationis libros viii.* Basel, Switzerland: H. Petrvm.

Raikes, R. L. (1964). The end of the ancient cities of the Indus. *American Anthropologist* 66 (2): 284–299.

Ramanujan, A. K. (1967). *The interior landscape: love poems from a classical Tamil anthology.* Bloomington: Indiana University Press.

Rammohan Roy, Raja (1995). *The essential writings of Raja Rammohan Ray.* Delhi, India: Oxford University Press.

Ramusack, Barbara N. (2004). *The Indian princes and their states.* Cambridge, UK: Cambridge University Press.

Renfrew, Colin (1987). *Archaeology and language: the puzzle of Indo-European origins.* London: Penguin Books.

Saran, Richard D. (c.1969). Rajput state formation. Unpublished manuscript.

Schedel, Hartmann (1493/1966). *The Nuremberg chronicle.* New York: Brussel and Brussel.

Schneider, David M., and Kathleen Gough, eds. (1961). *Matrilineal kinship.* Berkeley: University of California Press.

Selby, Martha (2002). *Grow long blessed night: love poems from classical India.* Oxford, UK: Oxford University Press.

Sen, Amartya (2005). *The argumentative Indian: writings on Indian history, culture and identity.* New York: Farrar, Straus and Giroux.

Singh, Upinder (2008). *A history of ancient and early medieval India: from the Stone Age to the 12th century.* New Delhi; Upper Saddle River, NJ: Pearson Education.

Sinha, Mrinalini (2006). *Specters of Mother India: the global restructuring of an empire.* Durham, NC: Duke University Press.

Thapar, Romila (1961). *Asoka and the decline of the Mauryas.* Oxford, UK: Oxford University Press.

Tharu, Susie, and K. Lalita, eds. (1991). *Women writing in India: 600 B.C. to the present.* 2 vols. New York: Feminist Press at the City University of New York.

Trautmann, Thomas R. (1981). *Dravidian kinship.* Cambridge, UK: Cambridge University Press.

———. (1997). *Aryans and British India.* Berkeley: University of California Press.

_____, ed. (2005). *The Aryan debate.* New Delhi, India: Oxford University Press.

_____. (2006). *Languages and nations: The Dravidian proof in colonial Madras.* Berkeley: University of California Press.

Wagoner, Philip B. (1996). "Sultan among Hindu kings": dress, titles, and the Islamicization of Hindu culture at Vijayanagara. *Journal of Asians studies* 55 (4): 851–880.

Wasson, R. Gordon (1968). *Soma: divine mushroom of immortality.* New York: Harcourt Brace Jovanovich.

Wheeler, R. E. M. (1960). *The Indus civilization.* Cambridge, UK: Cambridge University Press.

_____. (1992). *Five thousand years of Pakistan: an archaeological outline.* Karachi, Pakistan: Royal Book.

Wolpert, Stanley A. (1984). *Jinnah of Pakistan.* New York: Oxford University Press.

Xuanzang (1969). *Si-yu-ki: Buddhist records of the western world.* Trans. S. Beal. Delhi, India: Oriental Books Reprint Corp.